건강보험 심사평가원

직업기초능력평가 모의고사

[행정직/심사직]

KB084381

제 1 회	영 역	의사소통능력, 문제해결능력, 정보능력, 조직이해능력
	문항수	50문항
	시 간	60분
	비 고	객관식 5지선다형

SEOWONGAK

(주)서원각

1. 다음은 어느 공문서의 내용이다. 잘못된 부분을 수정하려고 할 때 옳지 않은 것은?

대한기술평가원

수신자 : 대한기업, 민국기업, 만세기업, 사랑기업, 서준기업 등 (경유)

제목 : 2015년 하반기 기술신용보증 및 기술평가 설명회 안내

〈중략〉
-아래-

1. 일시 : 2015년 8월 6일 목요일~8월 9일 일요일
2. 장소 : 대한기술평가원 대강당(서울 강남구 삼성동 소재)
3. 접수방법 : 대한기술평가원 홈페이지(fdjlkkl@dh.co.kr)에서 신청서 작성 후 방문 및 온라인 접수

붙임 : 2015년 하반기 기술신용보증 및 기술평가 설명회 신청서 1부

대한기술평가원장

과장 홍길동   부장 임꺽정   대결 홍경래
협조자 :
시행 : 기술신용보증평가부-150229(2015.06.13)
접수 : 서울 강남구 삼성동 113 대한기술평가원 기술신용보증평가부
/http://www.dh.co.kr
전화 : 02-2959-2225
팩스 : 02-7022-1262/fdjlkkl@dh.co.kr/공개

---

① 시행 항목의 시행일자 뒤에 수신기관의 문서보존기간을 삽입해야 한다.
② 붙임 항목 맨 뒤에 "."을 찍고 1자 띄우고 '끝.'을 기입해야 한다.
③ 일시의 연월일을 온점(.)으로 고쳐야 한다.
④ 수신자 목록을 발신명의 아래에 수신처 참조 목록으로 내려 기입해야 한다.
⑤ 일시에 요일을 표기할 때에는 목요일, 일요일이 아닌 (목), (일)로 표기해야 한다.

2. 다음 글은 사회보장제도와 국민연금에 관한 내용이다. 다음 글을 읽고 정리한 〈보기〉의 내용 중 빈칸 (가), (나)에 들어갈 적절한 말이 순서대로 나열된 것은 어느 것인가?

산업화 이전의 사회에서도 인간은 질병·노령·장애·빈곤 등과 같은 문제를 겪어 왔습니다. 그러나 이 시기의 위험은 사회구조적인 차원의 문제라기보다는 개인적인 문제로 여겨졌습니다. 이에 따라 문제의 해결 역시 사회구조적인 대안보다는 개인이나 가족의 책임 아래에서 이루어졌습니다.

그러나 산업사회로 넘어오면서 환경오염, 산업재해, 실직 등과 같이 개인의 힘만으로는 해결하기 어려운 각종 사회적 위험이 부각되었고, 부양 공동체 역할을 수행해오던 대가족 제도가 해체됨에 따라, 개인 차원에서 다루어지던 다양한 문제들이 국가 개입 필요성이 요구되는 사회적 문제로 대두되기 시작했습니다.

이러한 다양한 사회적 위험으로부터 모든 국민을 보호하여 빈곤을 해소하고 국민생활의 질을 향상시키기 위해 국가는 제도적 장치를 마련하였는데, 이것이 바로 사회보장제도입니다. 우리나라에서 시행되고 있는 대표적인 사회보장제도는 국민연금, 건강보험, 산재보험, 고용보험, 노인장기요양보험 등과 같은 사회보험제도, 기초생활보장과 의료보장을 주목적으로 하는 공공부조제도인 국민기초생활보장제도, 그리고 노인·부녀자·아동·장애인 등을 대상으로 제공되는 다양한 사회복지서비스 등이 있습니다. 우리나라의 사회보장제도는 1970년대까지만 해도 구호사업과 구빈정책 위주였으나, 1970년대 후반에 도입된 의료보험과 1988년 실시된 국민연금제도를 통해 그 외연을 확장할 수 있었습니다.

이처럼 다양한 사회보장제도 중에서 국민연금은 보험원리에 따라 운영되는 대표적인 사회보험제도라고 할 수 있습니다. 즉, 가입자, 사용자로부터 일정액의 보험료를 받고, 이를 재원으로 사회적 위험에 노출되어 소득이 중단되거나 상실될 가능성이 있는 사람들에게 다양한 급여를 제공하는 제도입니다. 국민연금제도를 통해 제공되는 급여에는 노령으로 인한 근로소득 상실을 보전하기 위한 노령연금, 주소득자의 사망에 따른 소득상실을 보전하기 위한 유족연금, 질병 또는 사고로 인한 장기 근로능력 상실에 따른 소득상실을 보전하기 위한 장애연금 등이 있으며, 이러한 급여를 지급함으로써 국민의 생활안정과 복지증진을 도모하고자 합니다.

〈보기〉

사회 보장 (광의)	사회 보장 (협의)	사회 보험	건강보험, (가), 고용보험, 노인장기요양보험
			공적연금 : 노령연금, 유족연금, (나)
		공공부조 : 생활보장, 의료보장, 재해보장	
		사회복지서비스(노인·부녀자·아동·장애인복지 등)	
	관련 제도	주택 및 생활환경, 지역사회개발, 공중보건 및 의료	
		영양, 교육, 인구 및 고용대책	

① 연금급여, 사회보험

② 산재보험, 장애연금

③ 사회보험, 연금급여

④ 사회보험, 장애연금

⑤ 장애연금, 산재보험

3. 다음 청첩장의 용어를 한자로 바르게 표시하지 못한 것은?

알림

그동안 저희를 아낌없이 돌봐주신 여러 어른들과 지금까지 옆을 든든히 지켜준 많은 벗들이 모인 자리에서 저희 두 사람이 작지만 아름다운 <u>결혼식</u>을 올리고자 합니다. 부디 바쁘신 가운데 잠시나마 <u>참석</u>하시어 자리를 빛내주시고 새로운 출발을 하는 저희들이 오랫동안 <u>행복</u>하게 지낼 수 있도록 <u>기원</u>해 주시기 바랍니다.

고○○ · 허○○ 의 장남 희동
박○○ · 장○○ 의 차녀 선영

다음

1. 일시 : 2015년 10월15일 낮 12시 30분
2. 장소 : 경기도 파주시 ○○구 ○○동 좋아웨딩홀 2층 사파이어홀
3. 연락처 : 031-655-××××

첨부 : 좋아웨딩홀 장소 <u>약도</u> 1부

---

① 결혼식 – 結婚式　　② 참석 – 參席

③ 행복 – 幸福　　　　④ 기원 – 起源

⑤ 약도 – 略圖

4. 다음은 정보공개 청구권자에 대한 자료이다. 이 자료에서 잘못 쓰여 진 글자는 모두 몇 개인가?

정보공개 청구권자

○ 모든 국민
- 미성년자, 재외국민, 수형인 등 포함
- 미성년자에 의한 공개청구에 대하여 법률상 별도의 규정이 없으나, 일반적으로 미성년자는 사법상의 무능력자로서 단독으로는 완전한 법률행위가 불가능하다. 그러나 무능력자의 범위는 대체로 재산보호를 위해 설정된 것이며, 정보공개와 같은 성질의 행위는 다음과 같은 경우에는 가능하다고 본다.
  - –중학생 이하 : 비용부담능력이 없기 때문에 단독으로 청구하는 것은 인정하지 않으며, 친권자 등 법정대시인에 의한 청구가 가능
  - –고등학생 이상 : 공개제도의 취지, 내용 등에 대하여 충분히 이해가 가능하고 비용부담능력이 있다고 판단되므로 단독청구 가능

○ 법인
- 사법상의 사단법인 · 재란법인, 공법상의 법인(자치단체 포함), 정부투기기관, 정부출연기관 등
- 법인격 없는 단체나 기관 포함

○ 외국인
- 국내에 일정한 주소를 두고 거주하는 자
- 학술 · 연구를 위하여 일시적으로 체유하는 자
- 국내에 사무소를 두고 있는 법인 또는 단체

※ 제외대상 : 외국거주자(개인, 법인), 국내 불법체류 외국인 등

---

① 1개　　　　　　　② 2개

③ 3개　　　　　　　④ 4개

⑤ 5개

5. 다음은 '전교생을 대상으로 무료급식을 시행해야 하는가?'라는 주제로 철수와 영수가 토론을 하고 있다. 보기 중 옳지 않은 것은?

철수 : 무료급식은 급식비를 낼 형편이 없는 학생들을 위해서 마련되어야 하는데 지금 대부분의 학교에서는 이 아이들뿐만 아니라 형편이 넉넉한 아이들까지도 모두 대상으로 삼고 있으니 이는 문제가 있다고 봐.

영수 : 하지만 누구는 무료로 급식을 먹고 누구는 돈을 내고 급식을 먹는다면 이는 형평성에 어긋난다고 생각해. 그래서 난 이왕 무료급식을 할 거라면 전교생에게 동등하게 그 혜택이 돌아가야 한다고 봐.

철수 : 음… 돈이 없는 사람은 무료로 급식을 먹고 돈이 있는 사람은 돈을 내고 급식을 먹는 것이 과연 형평성에 어긋난다고 할 수 있을까? 형평성이란 국어사전을 찾아보면 형평을 이루는 성질을 말하잖아. 여기서 형평이란 균형이 맞음. 또는 그런 상태를 말하는 것이고. 그러니까 형평이란 다시 말하면…

영수 : 아, 그래 네가 무슨 말을 하려고 하는지 알겠어. 그런데 나는 어차피 무료급식을 할 거라면 전교생이 다 같이 무료급식을 했으면 좋겠다는 거야. 그래야 서로 불화도 생기지 않으니까. 그리고 누구는 무료로 먹고 누구는 돈을 내고 먹을 거라면 난 차라리 무료급식을 안 하는 것이 낫다고 생각해.

철수 : 그래, 네 말처럼 누구는 무료로 먹고 누구는 돈을 내고 먹는다면 서로 불화가 생길 수도 있겠지. 하지만 그런 걱정 때문에 무료급식을 하지 않는다고 하면, 급식비를 낼 형편이 없는 학생들이 굶는 것에 대한 책임은 네가 질거니?

① 위 토론에서 철수는 주제에서 벗어난 말을 하고 있다.
② 영수는 상대방의 말을 자르고 자기주장만을 말하고 있다.
③ 영수는 자신의 주장이 뚜렷하지 않다.
④ 위 토론의 주제는 애매모호하므로 주제를 수정해야 한다.
⑤ 철수는 영수의 의견에 일부 동의하고 있다.

6. 다음에 주어진 자료를 활용하여 '능률적인 업무 처리 방법 모색'에 대한 기획안을 구상하였다. 적절하지 않은 것은?

(가) 한 나무꾼이 땔감을 구하기 위해 열심히 나무를 베고 있었는데 갈수록 힘만 들고 나무는 잘 베어지지 않았다. 도끼날이 무뎌진 것을 알아채지 못한 것이다. 나무꾼은 지칠 때까지 힘들게 나무를 베다가 결국 바닥에 드러눕고 말았다.

(나) 펜을 떼지 말고 한 번에 점선을 모두 이으시오. (단, 이미 지난 선은 다시 지날 수 없다.)

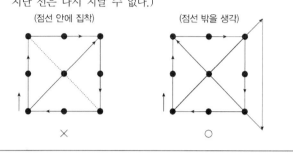

(점선 안에 집착) ✕　　(점선 밖을 생각) ○

(가)		(나)
날이 무딘 도끼로 나무를 베는 것은 비능률적인 일이다.	자료해석	점선 안에만 집착하면 문제를 해결하지 못한다.

↓① ↓ ↓②

| 근본적인 원인을 찾아야 문제를 해결할 수 있다. | 의미추출 | 고정된 사고의 틀을 벗어나는 창의적 발상이 필요하다. |

| 끈기 있게 노력하지 않고 좋은 결과를 바라는 업무 태도를 개선하는 데 적용한다. ③ | 적용 대상 모색 | 고정 관념에 빠져 새로운 문제 해결 방안을 모색하지 못하는 업무 태도를 개선하는 데 적용한다. ④ |

↓

주제 발견 : 문제의 진단과 해결 방안의 모색 ⑤

7. 다음은 시공업체 선정 공고문의 일부이다. 이를 통해 알 수 있는 경쟁 매매 방식에 대한 적절한 설명을 모두 고른 것은?

시공업체 공고문

공고 제2016-5호
○○기업의 사원연수원 설치에 참여할 시공업체를 다음과 같이 선정하고자 합니다.
1. 사업명 : ○○기업의 사원연수원 설치 시공업체 선정
2. 참가조건 : △△ 지역 건설업체로 최근 2년 이내에 기업 연수원 설치 참여 기업
3. 사업개요 : ○○기업 홈페이지 공지사항 참고
4. 기타 : 유찰 시에는 시공업체 선정을 재공고 할 수 있음

㉠ 입찰 참가자는 주로 서면으로 신청한다.
㉡ 최저 가격을 제시한 신청자가 선정된다.
㉢ 신속하게 처리하기 위한 경매에 해당한다.
㉣ 판매자와 구매자 간 동시 경쟁으로 가격이 결정된다.

---

① ㉠㉡
② ㉠㉢
③ ㉡㉢
④ ㉢㉣
⑤ ㉠㉢㉣

---

8. 다음은 (주)○○의 자금 조달에 관한 대화이다. 이 대화에서 재무 팀장의 제시안을 시행할 경우 나타날 상황으로 적절한 것을 모두 고른 것은?

사장 : 독자적인 신기술 개발로 인한 지식 재산권 취득으로 생산 시설 확충 자금이 필요합니다.
사원 : 주식이나 채권발행이 좋을 것 같습니다.
재무팀장 : 지식 재산권 취득으로 본사에 대한 인지도가 높아졌기 때문에 보통주 발행이 유리합니다.

㉠ 자기 자본이 증가하게 된다.
㉡ 이자 부담이 증가하게 된다.
㉢ 투자자에게 경영 참가권을 주어야 한다.
㉣ 투자자에게 원금 상환 의무를 지게 된다.

---

① ㉠㉡
② ㉠㉢
③ ㉡㉢
④ ㉢㉣
⑤ ㉡㉢㉣

|9~10| 다음 글을 읽고 물음에 답하시오.

최근 국제 시장에서 원유(原油) 가격이 가파르게 오르면서 세계 경제를 크게 위협하고 있다. 기름 한 방울 나지 않는 나라에 살고 있는 우리로서는 매우 어려운 상황이 아닐 수 없다. 에너지 자원을 적극적으로 개발하고, 다른 한편으로는 에너지 절약을 생활화해서 이 어려움을 슬기롭게 극복해야만 한다.

다행히 우리는 1970년대 초부터 원자력 발전소 건설을 적극적으로 추진해 왔다. 그 결과 현재 원자력 발전소에서 생산하는 전력이 전체 전력 생산량의 약 40퍼센트를 차지하고 있다. 원자력을 주요 에너지 자원으로 활용함으로써 우리는 석유, 석탄, 가스와 같은 천연 자원에 대한 의존도를 어느 정도 낮출 수 있게 되었다.

그러나 그 정도로는 턱없이 부족하다. 전체 에너지 자원의 97퍼센트를 수입하는 우리는 절약을 생활화하지 않으면 안 된다. 많은 국민들은 아직도 '설마 전기가 어떻게 되랴.'하는 막연한 생각을 하면서 살고 있다. 한여름에도 찬 기운을 느낄 정도로 에어컨을 켜 놓은 곳도 많다. 이것은 지나친 에너지 낭비이다. 여름철 냉방(冷房) 온도를 1도만 높이면 약 2조 5천억 원의 건설비가 들어가는 원자로 1기를 덜 지어도 된다. ㉠'절약이 곧 생산'인 것이다.

에너지를 절약하는 방법에는 여러 가지가 있다. 가까운 거리는 걸어서 다니기, 승용차 대신 대중교통이나 자전거 이용하기, 에너지 절약형 가전제품 쓰기, 승용차 요일제 참여하기, 적정 냉·난방 온도 지키기, 사용하지 않는 가전제품의 플러그 뽑기 등이 모두 에너지를 절약하는 방법이다.

또, 에너지 절약 운동은 일회성으로 그쳐서는 안 된다. 그것은 반복적이고 지속적으로 실천해야만 할 과제이다. 국가적 어려움을 극복하기 위해서는 얼마간의 개인적 불편을 기꺼이 받아들이겠다는 마음가짐이 필요하다.

㉡에너지 절약은 더 이상 선택 사항이 아니다. 그것은 생존과 직결되므로 반드시 실천해야 할 사항이다. 고유가(高油價) 시대를 극복하기 위해서는 우리 모두 허리띠를 졸라매는 것 외에는 다른 방법이 없다. 당장 에어컨보다 선풍기를 사용해서 전기 절약을 생활화해 보자. 온 국민이 지혜를 모으고 에너지 절약에 적극적으로 동참한다면 우리는 이 어려움을 슬기롭게 극복할 수 있을 것이다.

---

9. ㉠에 담긴 의미로 적절한 것은?

① 절약을 하게 되면 생산이 감소한다.
② 절약으로 전력 생산량을 증가시킨다.
③ 절약은 절약일 뿐 생산과는 관련이 없다.
④ 생산을 줄이면 절약을 하게 된다.
⑤ 절약하면 불필요한 생산을 하지 않아도 된다.

10. ⓒ에 대한 반응으로 가장 적절한 것은?

① 새로운 에너지 개발은 불가능하다.

② 에너지 절약 제품이 더 비싸질 것이다.

③ 에너지가 풍부할 때 실컷 사용해야 한다.

④ 에너지 절약은 생존의 문제이므로 꼭 실천해야 한다.

⑤ 대체 에너지 사용을 늘려야 한다.

|11~12| 다음 글을 읽고 물음에 답하시오.

5월, 일 년 중에서 가장 좋은 계절이다. 누구나 한번쯤 어디론가 여행을 떠나고 싶어진다. 봄이 무르익어 가면서 특별히 여행을 좋아하지 않는 사람들도 답답한 일상(日常)에서 벗어나 강물이 흐르고 산이 푸른 어딘가로 여행을 떠나고 싶어진다. 평소에 가 보고 싶었던 곳이 있으면, 이번 주말에 가족들과 함께 여행을 떠나 보는 것이 좋을 것이다.

'하회 마을'하면 가장 먼저 떠오르는 것이 바로 하회 별신굿 탈놀이이다. 하회 별신굿 탈놀이는 가장 인기 있는 볼거리이다. 중요 무형 문화재 제 69호인 하회 별신굿 탈놀이는 매주 토요일과 일요일 오후 3시, 탈놀이 전시관 상설 무대에서 열린다. 하회 마을의 입구에 있는 탈 박물관에 들러, 하회탈을 구경하고 탈놀이를 관람하면 더욱 좋다.

일정에 여유가 있으면 하회 마을뿐만 아니라, 주변의 관광지까지 둘러보면 더욱 좋다. 안동의 대표적인 관광지로는 민속 박물관과 도산 서원이 있다.

수도권에서 하회 마을에 다녀가려면 최소한 1박 2일의 일정을 잡는 것이 좋다. 하회 별신굿 탈놀이 상설 공연이 토요일과 일요일 오후 3시에 열리는 것을 고려해서, 먼저 안동 주변의 다른 관광지를 둘러보고 다음 날 하회의 탈놀이를 관람하는 것도 좋다. 특히 명절 때에는 하회 마을에서 여러 행사가 열리므로 이를 고려해서 여행 일정을 잡으면 더욱 알찬 여행이 될 것이다. 올 봄 하회 여행은 조상들의 삶을 만나고 우리 문화도 맛보는 좋은 기회가 될 것이다. 가족들과 함께 하회 마을로 떠나는 준비를 해 보자.

11. 주어진 글을 쓴 목적으로 가장 적절한 것은?

① 하회 마을 여행을 안내하기 위해

② 하회 마을의 문화유산을 설명하기 위해

③ 하회 마을의 아름다운 경치를 보존하기 위해

④ 하회 마을의 탈놀이를 홍보하기 위해

⑤ 여행의 즐거움을 알리기 위해

12. 다음 〈보기〉는 이 글을 쓰면서 글쓴이가 생각한 내용이다. 〈보기〉와 관련된 글쓰기의 유의 사항으로 적절한 것은?

〈보기〉

독자들의 호기심을 유발하면서 친근감을 표현하기 위해 질문의 형식으로 표현하는 것이 괜찮겠어. 또, 하회 마을이 많은 관광객이 찾는 인기 있는 관광지라는 사실을 강조하는 내용도 추가하면 훨씬 설득력이 있을 것 같군.

① 글의 주제나 형식에 맞게 개요를 작성하는 것이 좋다.

② 글의 통일성을 해치는 내용은 전체적인 흐름에 비추어 삭제하는 것이 좋다.

③ 독자들의 관심을 끌고 이해를 돕는 내용과 형식으로 적절하게 조정하고 점검해야 한다.

④ 자신의 의도와 독자의 흥미, 수준을 고려하면서 주제와 관련된 다양한 내용을 마련해야 한다.

⑤ 글의 신뢰도를 높이기 위해서는 올바른 맞춤법을 사용하는 것이 좋다.

|13~14| 다음은 어느 좌담의 일부이다. 이를 읽고 물음에 답하시오.

사회자 : 안녕하십니까? 최근 유네스코 총회에서 문화 다양성 협약이 채택되었습니다. 오늘 이 자리에서는 전문가 두 분을 모시고 이에 대한 이야기를 나누어 보겠습니다. 먼저 김 교수님, 이 협약이 갖는 의의에 대해 말씀해 주시겠습니까?

김 교수 : 네, 우선 문화 다양성 협약이란 세계 각국의 문화적 다양성을 인정하는 국제 협약입니다. 즉, 각 나라가 자국의 문화 정책을 수립함에 있어 그 자주권을 보장하는 국제 규범으로, 이에 대한 국제법적 근거가 마련되었다는 점에서 의의를 가진다고 볼 수 있습니다.

사회자 : 네, 언뜻 들었을 때 자국의 문화 정책을 수립하는 데 있어 자주권을 보장하는 국제 규범이 왜 필요한지 이해가 잘 되지 않는데요. 이 협약이 채택된 배경에 대해 이 교수님께서 설명 좀 부탁드립니다.

이 교수 : 네, 현재 국제 사회는 세계화에 발맞춰 모든 영역에서 자유시장화를 추구해 왔습니다. 문화 영역 역시 예외가 아니었는데요. 그 결과로 몇몇 강대국의 대중문화가 전 세계의 문화를 지배하여 약소국의 고유한 문화적 정체성이 흔들릴 위기에 처했습니다. 이번 문화 다양성 협약의 채택은 이러한 배경에서 탄생한 것으로, 문화 영역을 다른 상품과 마찬가지로 단순히 산업으로만 보아서는 안 된다는 것을 전제로 한 것이라고 할 수 있습니다.

사회자 : 네, 그렇군요. 그럼 이 협약이 우리나라의 문화 산업이나 문화 정책에는 어떤 영향을 미칠까요?

이 교수 : 저는 이번 협약의 체결이 앞으로 우리 문화 산업에 긍정적인 영향을 줄 것이라고 전망합니다. 문화 산업 육성과 관련된 제도적 보완 장치를 도입하여 우리 문화 산업이 안팎으로 경쟁력을 확보할 수 있는 바탕이 마련되었다고 할 수 있으니까요.

김 교수 : 네, 저 역시도 이 교수님의 의견에 동의합니다. 다만, 이 협약의 근본 바탕이라고 할 수 있는 문화 다양성의 뜻을 다시 한 번 새기고 다른 나라의 문화도 균형 있게 받아들일 수 있는 자세가 필요하다는 것도 잊지 말았으면 합니다.

사회자 : 네, 말씀 잘 들었습니다. 그런데 일부 국가에서 이 협약에 강하게 반발하고 있는 것으로 알고 있는데요. 이 협약이 앞으로 얼마나 실효성을 가질지 의문입니다. 이 점에 대해 말씀해 주시겠습니까?

이 교수 : 글쎄요. 대다수 국가가 이 협약에 찬성을 하여 채택했지만 실질적인 영향력을 가지는 문화 산업 강대국에서 비준에 동의하지 않는다면 자칫 선언적인 차원에 머물 가능성이 있습니다.

김 교수 : 네, 그렇습니다. 그러므로 우리나라와 입장이 비슷한 다른 나라들과 연대하여 이 협약이 비준될 수 있도록 노력해야 한다고 생각합니다.

13. 이 좌담을 통해 알 수 없는 내용은?

① 협약의 의의
② 협약 채택의 배경
③ 협약에서 규정하고 있는 문화적 다양성의 개념
④ 협약의 실효성에 대한 전망
⑤ 협약이 우리나라의 문화 산업에 미칠 영향

14. 김 교수의 의사소통 방식을 평가한 것으로 가장 적절한 것은?

① 다양한 통계 수치를 들며 전문성을 과시하고 있다.
② 상대방의 의견에 공감하며 자신의 의견을 덧붙이고 있다.
③ 권위자의 이론을 빌려 자기 의견의 타당성을 입증하고 있다.
④ 다양한 사례를 제시하며 동의를 구하고 있다.
⑤ 긍정적 면과 부정적인 면을 구분하여 정리하고 있다.

15. 표는 A씨의 금융 상품별 투자 보유 비중 변화를 나타낸 것이다. (가)에서 (나)로 변경된 내용으로 옳은 설명을 고르면?

금융 상품		(가)	(나)
		보유 비중(%)	
주식	○○(주)	30	20
	△△(주)	20	0
저축	보통예금	10	20
	정기적금	20	20
채권	국·공채	20	40

㉠ 직접금융 종류에 해당하는 상품 투자 보유 비중이 낮아졌다.
㉡ 수익성보다 안정성이 높은 상품 투자 보유 비중이 높아졌다.
㉢ 배당 수익을 받을 수 있는 자본 증권 투자 보유 비중이 높아졌다.
㉣ 일정 기간 동안 일정 금액을 예치하는 예금 보유 비중이 낮아졌다.

① ㉠㉡
② ㉠㉢
③ ㉡㉢
④ ㉡㉣
⑤ ㉠㉡㉢

16. 다음은 ○○기업의 구인 의뢰서이다. 이에 대한 옳은 설명은?

○○기업과 함께 할 인재를 모십니다.

1. 회사 현황
   가. 생산 품목 : 공장 자동화 생산 설비품
   나. 종업원 현황 : 110명(상시)
2. 근무 형태
   가. 근무 시간 : 09 : 00 ~ 18 : 00, 주 5일 근무
   나. 주 2회 시간외 근무(희망자) : 19 : 00 ~ 23 : 00
3. 급여 및 복지
   가. 기본급 : 150만원(수습 기간 3개월은 80 %)
   나. 시간외 근무 수당 : 8만원(1회 당)
   다. 상여금 : 명절(추석 및 설) 휴가비 기본급의 100 %
   라. 기타 : 4대 보험, 중식 및 기숙사 제공
4. 모집 인원
   가. 특성화고, 마이스터고 관련 학과 재학생 및 졸업생 00명
   나. 관련 직종 자격증 소지자 우대

① 기업의 형태는 대기업이다.
② 법정 복리 후생을 제공하고 있다.
③ 기준 외 임금은 제시되어 있지 않다.
④ 시간급 형태의 임금을 지급하고 있다.
⑤ 채용 우대 사항이 명시되어 있지 않다.

> 도서출판 서원각에 근무하는 K씨는 고객으로부터 9급 건축직 공무원 추천도서를 요청받았다. K씨는 도서를 추천하기 위해 다음과 같은 9급 건축직 발행도서의 종류와 특성을 참고하였다.

> K씨 : 감사합니다. 도서출판 서원각입니다.
> 고객 : 9급 공무원 건축직 관련 도서 추천을 좀 받고 싶습니다.
> K씨 : 네, 어떤 종류의 도서를 원하십니까?
> 고객 : 저는 기본적으로 이론은 대학에서 전공을 했습니다. 그래서 많은 예상문제를 풀 수 있는 것이 좋습니다.
> K씨 : 아. 문제가 많은 것이라면 딱 잘라서 말씀드리기가 어렵습니다.
> 고객 : 알아요. 그래도 적당히 가격도 그리 높지 않고 예상문제가 많이 들어 있는 것이면 됩니다.
> K씨 : 네. 알겠습니다. 많은 예상문제풀이가 가능한 것 외에는 다른 필요한 사항은 없으십니까?
> 고객 : 가급적이면 20,000원 이하가 좋을 듯 합니다.

도서명	예상문제 문항 수	기출 문제 수	이론 유무	가격	재고
실력평가 모의고사	400	120	무	18,000	100
전공문제집	500	160	유	25,000	200
문제완성	600	40	무	20,000	300
합격선언	300	200	유	24,000	100
핵심 Summary	50	0	유	10,000	20

17. 다음 중 K씨가 고객의 요구에 맞는 도서를 추천해 주기 위해 가장 우선적으로 고려해야 하는 특성은 무엇인가?

① 기출문제 수
② 이론 유무
③ 가격
④ 예상문제 문항 수
⑤ 재고

18. 고객의 요구를 종합적으로 반영하였을 때 많은 문제와 가격을 맞춘 가장 적당한 도서는?

① 실력평가모의고사
② 전공문제집
③ 문제완성
④ 합격선언
⑤ 핵심 Summary

19. 다음 글에 제시된 의사소통의 방법 중 문서적 의사소통에 해당하지 않는 것은?

> 글로벌 무역 회사에서 근무하는 김 씨는 오전부터 밀려드는 업무에 정신이 없다. 오늘 독일의 거래처에서 보내온 수하물 컨테이너 수취확인서를 보내야 하고, 운송장을 작성해야 하는 일이 꼬여 국제전화로 걸려오는 수취확인 문의전화와 다른 거래처의 클레임을 받느라 전화도 불이 난다. 어제 오후 퇴근하기 전 박 대리에게 운송장을 영문으로 작성해 김 씨에게 줄 것을 메모하여 책상 위에 올려놓고 갔는데 박 대리가 못 본 모양이다. 아침에 다시 한 번 이야기했는데 박 대리는 엉뚱한 주문서를 작성해놓고 말았다. 그래서 다시 박 대리에게 클레임 관련 메일을 보내 놓았다. 오후 회의에서 발표할 주간 업무보고서를 작성해야 하는데 시간이 빠듯해서 큰일이다. 하지만 하늘은 스스로 돕는 자를 돕는다는 마음으로 김씨는 차근차근 업무 정리를 시작하였다.

① 거래처에서 보내온 수취확인서
② 업무지시 메모
③ 영문 운송장 작성
④ 수취확인 문의전화
⑤ 주간 업무보고서 작성

20. 다음 ⑤~⑩을 고쳐 쓰기 위한 방안으로 적절하지 않은 것은?

> 매년 장마철이면 한강에서 ⑤수만 마리의 물고기가 떼죽음을 당합니다. 공장폐수와 생활하수를 흘려보내는 시민들의 탓만은 아닙니다. ⑥그래서 자연은 더 이상 인간의 무분별한 파괴를 너그럽게 ⑦묵인해주지 않습니다. ⑧또한 장마로 인한 호우 피해의 복구 또한 제대로 이뤄지지 않고 있습니다. 우리 모두가 사태의 심각성을 깨닫고, 자연과 조화하는 삶의 태도를 ⑩지녀야 하는 것입니다.

① ⑤의 '마리'는 수를 세는 단위이므로 붙여 써야겠어.
② ⑥은 접속어의 사용이 잘못되어 문장의 연결이 어색해. '하지만'으로 고치는 게 좋겠어.
③ ⑦은 '모르는 체하고 하려는 대로 내버려 둠으로써 슬며시 인정함'이라는 뜻으로 단어의 사용이 잘못되었어.
④ ⑧은 글의 통일성을 저해하니 삭제해야겠어.
⑤ ⑩은 보다 적극적인 촉구를 위해 '지녀야 합니다.'로 고치는 게 좋겠어.

21. 다음 대화 중 주체 높임 표현이 쓰이지 않은 것은?

> 경미 : 원장 선생님께서는 어디 가셨나요?
> ㉠ 서윤 : 독감 때문에 병원에 가신다고 아까 나가셨어요.
> ㉡ 경미 : 맞다. 며칠 전부터 편찮으시다고 하셨지.
> ㉢ 서윤 : 연세가 많으셔서 더 힘드신가 봐요.
> ㉣ 경미 : 요즘은 약이 좋아져서 독감도 쉽게 낫는다고 하니 다
>   행이지요.
> ㉤ 서윤 : 그래요. 원장 선생님께서는 원래 건강하신 분이니까요.

① ㉠

② ㉡

③ ㉢

④ ㉣

⑤ ㉤

22. 다음 글을 읽고 김 실장이 인도에의 진출을 반대한 이유로 가장 적절한 것은?

> 이 차장은 시장조사를 하다가 가구의 수와 가구의 생애주기 단계는 현재와 미래의 제품과 서비스 수요에 상당한 영향력을 발휘함을 알게 되었다. 2012년 전 세계의 가구당 평균 인원은 3.5명이다. 인도, 아시아 개도국, 북아프리카와 중동 등 평균 출생률이 높고 젊은 층의 인구가 많으며, 교육 수준이 낮은 지역은 가구당 평균 인원이 많다. 그리고 일반적으로 인구가 많은 수도권 부근이 그 외의 지역에 비해서 훨씬 더 많은 소비가 나타나고 있다는 것을 보았을 때, 향후 인구가 급속하게 늘어날 것으로 예상되는 인도시장에 빨리 진출해야 한다고 생각했다. 한편, 김 실장은 향후 전 세계적으로 두드러진 트렌드 중 하나인 자녀 없는 가구, 즉 19세 미만의 가족 구성원이 없는 가구의 수가 늘어난다는 사실을 알게 되었다. 자녀가 없는 소규모 가구로의 편중 현상은 휴양, 여행, 건강관리, 외식 등 재량 소비 증가의 주된 원인이 될 것이다. 10가구 중 9가구가 자녀가 있는 인도와 달리 2012년 기준 중국 가구의 53%가 자녀가 없고, 통계 자료에 따르면 2032년 그 비율은 63%에 달한다. 최근 몇 년 동안 중국 소비 시장에서 재량 소비가 빠르게 증가하고 있는 이유가 여기에 있는 것이다. 이 차장이 인도시장 선점을 제안했을 때, 김 실장은 고개를 저었다.

① 이 차장은 젊은 층의 소비행태를 간과하였다.

② 국내 시장을 선점하기 전에 해외시장 진출은 무모하다.

③ 인도의 중산층 가구의 급속한 부상을 고려하지 않은 전략이다.

④ 근로자 1인당 부양가족 수가 많아지면 저축을 하거나 재량 소비를 늘릴 여력이 없다.

⑤ 인도의 인구 증가 추세보다 중국의 인구 증가 추세가 가파르다.

23. 다음 안내사항을 바르게 이해한 것은?

> 2015년 5월 1일부터 변경되는 "건강보험 임신·출산 진료비 지원제도"를 다음과 같이 알려드립니다.
> 건강보험 임신·출산 진료비 지원제도란 임신 및 출산에 관련한 진료비를 지불할 수 있는 이용권(국민행복카드)을 제공하여 출산 친화적 환경을 조성하기 위해 건강보험공단에서 지원하는 제도입니다.
> • 지원금액 : 임신 1회당 50만원(다태아 임신부 70만원)
> • 지원방법 : 지정요양기관에서 이용권 제시 후 결제
> • 지원기간 : 이용권 수령일~분만예정일＋60일
> 가. 시행일 : 2015.5.1.
> 나. 주요내용
> (1) '15.5.1. 신청자부터 건강보험 임신·출산 진료비가 국민행복카드로 지원
> (2) 건강보험 임신·출산 진료비 지원 신청 장소 변경
> (3) 지원금 승인코드 일원화(의료기관, 한방기관 : 38코드)
> (4) 관련 서식 변경
> - 변경서식 : 건강보험 임신·출산 진료비 지원 신청 및 확인서 (별지 2호 서식)
> - 변경내용 : 카드구분 폐지

① 건강보험 임신·출산 진료비 지원제도는 연금공단에서 지원하는 제도이다.

② 임신지원금은 모두 동일하게 일괄 50만원이 지급된다.

③ 지원금 승인코드는 의·한방기관 모두 '38'코드로 일원화 된다.

④ 지원기간은 이용권 수령일로부터 분만예정일까지이며 신청자에 한해서 기간이 연장된다.

⑤ 국민행복카드는 국내 모든 산부인과에서 이용이 가능하다.

24. ○○은행에서 창구업무를 보던 도중 한 고객이 입금하려던 예금액 500만 원이 분실되었다. 경찰은 3명의 용의자 A, B, C를 검거하였다. 그러나 세 명의 용의자는 하나같이 자신이 범인이 아니라고 했지만 셋 중 하나가 범인임에 틀림없다. 세 사람이 각각 진술한 3개의 진술 중 하나의 진술은 참이고, 나머지는 거짓이다. 다음 중 범인과 참인 진술로 바르게 짝지어진 것은?

> A의 진술
> ㉠ B가 범인이다.
> ㉡ 우리 집에는 사과가 많이 있다.
> ㉢ 나는 C를 몇 번 만난 적이 있다.
>
> B의 진술
> ㉠ 내가 범인이다.
> ㉡ A의 두 번째 말은 거짓이다.
> ㉢ A와 C는 한 번도 만난 적이 없다.
>
> C의 진술
> ㉠ A가 범인이다.
> ㉡ B의 두 번째 말은 진실이다.
> ㉢ 나는 A를 한 번도 만난 적이 없다.

① 범인은 C, 참인 진술은 A의 ㉢ – B의 ㉡
② 범인은 A, 참인 진술은 A의 ㉡ – C의 ㉠
③ 범인은 C, 참인 진술은 C의 ㉡ – B의 ㉢
④ 범인은 B, 참인 진술은 A의 ㉢ – C의 ㉢
⑤ 범인은 C, 참인 진술은 A의 ㉡ – B의 ㉢

25. 다음 글을 순서에 맞게 배열한 것은?

> ㉠ 또 '꽃향기'라는 실체가 있기 때문에 꽃의 향기를 후각으로 느낄 수 있다고 생각한다.
> ㉡ 왜냐하면 우리가 삼각형을 인식하는 것은, 실제로 '삼각형'이라는 것이 있다고 생각하기 때문이다.
> ㉢ 삼각형은 세모난 채로, 사각형은 각진 모습으로 존재한다고 생각한다.
> ㉣ 우리는 보고, 듣고, 느끼는 그대로 세상이 존재한다고 믿는다. 이처럼 보고, 듣고, 냄새 맡고, 손끝으로 느끼는 것, 우리는 이 모든 것을 통틀어 '감각'이라고 부른다.

① ㉢ – ㉡ – ㉣ – ㉠
② ㉢ – ㉣ – ㉠ – ㉡
③ ㉣ – ㉠ – ㉢ – ㉡
④ ㉣ – ㉢ – ㉡ – ㉠
⑤ ㉣ – ㉢ – ㉠ – ㉡

26. 다음 중 A, B, C, D 네 명이 파티에 참석하였다. 그들의 직업은 각각 교사, 변호사, 의사, 경찰 중 하나이다. 다음 내용을 읽고 〈보기〉의 내용이 참, 거짓 또는 알 수 없음을 판단하면?

> ① A는 교사와 만났지만, D와는 만나지 않았다.
> ② B는 의사와 경찰을 만났다.
> ③ C는 의사를 만나지 않았다.
> ④ D는 경찰과 만났다.

> 〈보기〉
> ㉠ C는 변호사이다.
> ㉡ 의사와 경찰은 파티장에서 만났다.

① ㉠과 ㉡ 모두 참이다.
② ㉠과 ㉡ 모두 거짓이다.
③ ㉠만 참이다.
④ ㉡만 참이다.
⑤ 알 수 없다.

27. 갑, 을, 병 세 명은 사업장 가입자, 지역가입자, 임의가입자 중 각기 다른 하나의 자격을 가지고 있다. 이들 세 명 중 한 명만이 진실을 말하고 있을 경우, 다음과 같은 진술을 통하여 항상 참인 명제가 아닌 것은 어느 것인가?

> • 갑 : 나는 지역가입자이다.
> • 을 : 나는 지역가입자가 아니다.
> • 병 : 나는 임의가입자가 아니다.

① 갑은 임의가입자이다.
② 병은 지역가입자이다.
③ 갑은 사업장 가입자가 아니다.
④ 을은 지역가입자이다.
⑤ 병은 임의가입자가 아니다.

28. 다음 〈상황〉과 〈조건〉을 근거로 판단할 때 옳은 것은?

〈상황〉

A대학교 보건소에서는 4월 1일(월)부터 한 달 동안 재학생을 대상으로 금연교육 4회, 금주교육 3회, 성교육 2회를 실시하려는 계획을 가지고 있다.

〈조건〉

• 금연교육은 정해진 같은 요일에만 주 1회 실시하고, 화, 수, 목요일 중에 해야 한다.
• 금주교육은 월요일과 금요일을 제외한 다른 요일에 시행하며, 주 2회 이상은 실시하지 않는다.
• 성교육은 4월 10일 이전, 같은 주에 이틀 연속으로 실시한다.
• 4월 22일부터 26일까지 중간고사 기간이고, 이 기간에 보건소는 어떠한 교육도 실시할 수 없다.
• 보건소의 교육은 하루에 하나만 실시할 수 있고, 토요일과 일요일에는 교육을 실시할 수 없다.
• 보건소는 계획한 모든 교육을 반드시 4월에 완료하여야 한다.

① 금연교육이 가능한 요일은 화요일과 수요일이다.
② 4월 30일에도 교육이 있다.
③ 금주교육은 4월 마지막 주에도 실시된다.
④ 성교육이 가능한 일정 조합은 두 가지 이상이다.
⑤ 4월 둘째 주에는 금연교육, 금주교육, 성교육이 모두 시행된다.

29. 다음 조건을 바탕으로 미연의 거주지와 직장이 위치한 곳을 바르게 짝지은 것은?

㉠ 수진, 미연, 수정은 각각 종로, 명동, 강남 중 각각 한 곳에 거주한다.
㉡ 수진, 미연, 수정은 각각 종로, 명동, 강남 중 각각 한 곳에 직장을 다니며, 세 사람 모두 자신의 거주지와 직장의 위치는 다르다.
㉢ 수진은 지금 수정의 직장이 위치한 곳에 거주한다.
㉣ 수정은 종로에 거주하지 않는다.
㉤ 수정과 미연은 명동에 거주하지 않는다.
㉥ 수진의 직장이 위치한 곳은 종로이다.

거주지	직장
① 종로	강남
② 명동	종로
③ 강남	명동
④ 종로	명동
⑤ 강남	종로

30. 다음 조건을 바탕으로 김 대리가 월차를 쓰기에 가장 적절한 날은 언제인가?

㉠ 김 대리는 반드시 이번 주에 월차를 쓸 것이다.
㉡ 김 대리는 실장님 또는 팀장님과 같은 날, 또는 공휴일에 월차를 쓸 수 없다.
㉢ 팀장님이 월요일에 월차를 쓴다고 하였다.
㉣ 실장님이 김 대리에게 우선권을 주어 월차를 쓸 수 있는 요일이 수, 목, 금이 되었다.
㉤ 김 대리는 5일에 붙여서 월차를 쓰기로 하였다.
㉥ 이번 주 5일은 공휴일이며, 주중에 있다.

① 월요일
② 화요일
③ 수요일
④ 목요일
⑤ 금요일

31. 귀하는 커피 전문점을 운영하고 있다. 아래와 같이 엑셀 워크시트로 4개 지점의 원두 구매 수량과 단가를 이용하여 금액을 산출하고 있다. 귀하가 다음 중 D3셀에서 사용하고 있는 함수식으로 옳은 것은? (단, 금액 = 수량 × 단가)

	A	B	C	D	E
1	지점	원두	수량(100g)	금액	
2	A	케냐	15	150000	
3	B	콜롬비아	25	175000	
4	C	케냐	30	300000	
5	D	브라질	35	210000	
6					
7		원두	100g당 단가		
8		케냐	10,000		
9		콜롬비아	7,000		
10		브라질	6,000		
11					

① =C3*VLOOKUP(B3, $B$8:$C$10, 1, 1)
② =B3*HLOOKUP(C3, $B$8:$C$10, 2, 0)
③ =C3*VLOOKUP(B3, $B$8:$C$10, 2, 0)
④ =C3*HLOOKUP($B$8:$C$10, 2, B3)
⑤ =C3*VLOOKUP($B$8:$C$10, 2, C3)

32. 인사팀에서 근무하는 J씨는 회사가 성장함에 따라 직원 수가 급증하기 시작하면서 직원들의 정보관리 방법을 모색하던 중 다음과 같은 A사의 직원 정보관리 방법을 보게 되었다. J씨는 A사가 하고 있는 이 방법을 회사에도 도입하고자 한다. 이 방법은 무엇인가?

A사의 인사부서에 근무하는 H씨는 직원들의 개인정보를 관리하는 업무를 담당하고 있다. A사에서 근무하는 직원은 수천 명에 달하기 때문에 H씨는 주요 키워드나 주제어를 가지고 직원들의 정보를 구분하여 관리하여, 찾을 때도 쉽고 내용을 수정할 때도 이전보다 훨씬 간편할 수 있도록 했다.

① 목록을 활용한 정보관리

② 색인을 활용한 정보관리

③ 분류를 활용한 정보관리

④ 1 : 1 매칭을 활용한 정보관리

⑤ 참조를 활용한 정보관리

33. 수현이와 지혜는 강릉으로 가기 위해 고속버스를 이용하기로 했다. 그렇게 두 사람은 표를 예매하고 승차시간까지 기다리다 우연히 승차권의 뒷면을 보게 되었다. 이때 다음의 그림을 보고 "운송약관 중 7번"에 대한 정보내용에서 서비스의 어떠한 측면과 가장 관련성이 있는지 추측한 내용으로 가장 올바른 것은?

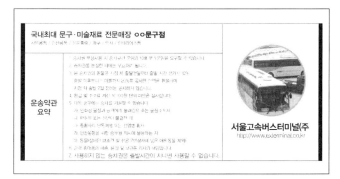

① 서비스는 재고의 형태로 보관할 수 없다.

② 서비스는 유형의 상품에만 적용된다.

③ 서비스는 시공간적으로 분리가 가능하다.

④ 가변성으로 인해 서비스의 내용이 달라질 수 있다.

⑤ 서비스는 표준화되어 있어 표본 추출이 가능하다.

34. 대한고등학교 3학년 동창인 원모, 연철, 형일, 지훈이는 추석 명절을 맞아 부모님을 찾아뵙기 위해 열차승차권을 예매하려고 한다. 이들 네 사람 중 아래에 제시된 추석 열차편 예매 안내문을 가장 잘못 이해하고 있는 사람을 고르면?

[2019년 추석 승차권 예매 안내]
▶ 대상기간 : 2019. 9. 10.(화)~9.13.(금, 추석)~9.15.(일), 6일간
▶ 대상승차권 : 무궁화호 이상 모든 열차승차권
▶ 예매기간 및 주요내용

예매일	시간	판매 매체	대상 노선
8.17. (토)	06:00~12:00	홈페이지(인터넷)	경부, 경전, 경북, 대구, 충북, 경의, 경원, 동해선, 동해남부선
	09:00~11:00	역·승차권 판매대리점	
8.18. (일)	06:00~12:00	홈페이지(인터넷)	호남, 전라, 장항, 중앙, 태백, 영동
	09:00~11:00	역·승차권 판매대리점	

※ 지정한 역 및 승차권 판매대리점에서 예매하실 수 있습니다.
※ 코레일톡(앱), 철도고객센터(ARS 포함), 자동발매기에서는 승차권을 예매하실 수 없습니다.

① 형일 : 이번 추석승차권 대상기간은 6일 동안이야.

② 원모 : 8월 17일에는 경부선과 동해남부선 예매가 가능해.

③ 지훈 : 나는 추석날에 호남선을 이용해야 하는데 아침 6시부터 인터넷 홈페이지에서 예매를 하면 되겠어.

④ 연철 : 이 기간 동안에 열차승차권 예매를 한다면 지하철 승차권도 해당되겠군.

⑤ 수진 : 9월 15일에 영동선을 이용하려면 8월 18일 오전에 예매를 하는 게 좋겠군.

35. 가희, 나희, 다희, 라희, 마희는 이번에 ㈜○○에 새로 입사를 하게 되었고 얼마 되지 않아 프로젝트 팀에 차출되어 팀원들과 태스크 포스 팀을 이루게 되었다. 그 첫 번째로 다섯 사람은 차출되어 온 직원들과의 효율적인 협업을 위해 사내 메신저를 설치하게 되었다. 다음 중 아래의 그림을 보고 이들 다섯 사람이 모여서 이야기 한 내용으로 가장 옳지 않은 항목을 고르면?

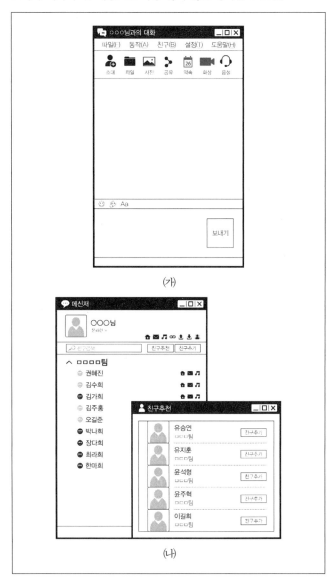

(가)

(나)

① 가희 : 메신저를 사용하면 상대방이 인터넷에 접속해 있는지를 확인할 수 없어서 너무 답답해.
② 나희 : 컴퓨터로 업무를 하면서 메시지를 주고받을 수 있어.
③ 다희 : 여러 사람과의 화상채팅이나 음성채팅도 지원해 줘서 좋아.
④ 라희 : 메신저를 사용하면 회사에서 작성한 동영상 파일을 보낼 수 있어.
⑤ 마희 : 팀별로 친구 구분이 되어서 헷갈리지 않고 좋네.

┃36~38┃ 다음 △△그룹 물류창고의 책임자와 각 창고 내 보관된 제품의 코드 목록을 보고 물음에 답하시오.

책임자	제품코드번호	책임자	제품코드번호
강경모	15063G0200700031	고건국	15046O0401900018
공석준	15033G0301300003	나경록	15072E0200900025
문정진	15106P0200800024	박진철	15025M0401500008
송영진	15087Q0301100017	신현규	15111A0100500021
지석원	15054J0201000005	최용상	15018T0401700013

생산연월	생산공장		제품종류		생산순서
	지역코드	고유번호	분류코드	고유번호	
• 1503 −2015년 3월 • 1512 −2015년 12월	1 경기도	A 1공장	01 침실가구	001 침대	00001 부터 시작하여 생산 순서대로 5자리의 번호가 매겨짐
		B 2공장		002 매트리스	
		C 3공장		003 장롱	
	2 울산	D 1공장		004 서랍장	
		E 2공장		005 화장대	
		F 3공장		006 거울	
	3 부산	G 1공장	02 거실가구	007 TV	
		H 2공장		008 장식장	
		I 3공장		009 소파	
	4 인천	J 1공장		010 테이블	
		K 2공장	03 서재가구	011 책꽂이	
		L 3공장		012 책상	
	5 대구	M 1공장		013 의자	
		N 2공장		014 책장	
	6 광주	O 1공장	04 수납가구	015 선반	
		P 2공장		016 공간박스	
	7 제주	Q 1공장		017 코너장	
		R 2공장		018 소품 수납함	
	8 대전	S 1공장		019 행거	
		T 2공장		020 수납장	

〈예시〉

2015년 9월에 경기도 1공장에서 15번째로 생산된 침실가구 장롱 코드 1509-1A-01003-00015

1509	−	1A	−	01003	−	00015
(생산연월)		(생산공장)		(제품종류)		(생산순서)

36. △△그룹의 제품 중 2015년 5월에 부산 3공장에서 19번째로 생산된 서재가구 책상의 코드로 알맞은 것은?

① 15051C0301300019　　　② 15053I0301200019

③ 15053I0301100019　　　④ 15051C0301400019

⑤ 15053I0312000019

37. 1공장에서 생산된 제품들 중 현재 물류창고에 보관하고 있는 거실가구는 모두 몇 개인가?

① 1개　　　　　　　② 2개

③ 3개　　　　　　　④ 4개

⑤ 5개

38. 다음 중 광주에서 생산된 제품을 보관하고 있는 물류창고의 책임자들끼리 바르게 연결된 것은?

① 고건국 – 문정진　　　② 강경모 – 공석준

③ 박진철 – 최용상　　　④ 나경록 – 지석원

⑤ 신현규 – 최용상

39. 다음은 K쇼핑몰의 날짜별 판매상품 정보 중 일부이다. 다음의 파일에 표시된 대분류 옆의 ▼를 누르면 많은 종류의 상품 중 보고 싶은 대분류(예를 들어, 셔츠)만을 한눈에 볼 수 있다. 이 기능은 무엇인가?

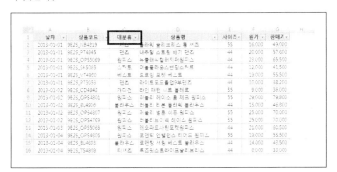

① 조건부 서식　　　② 찾기

③ 필터　　　　　　④ 정렬

⑤ 검토

40. 다음의 알고리즘에서 인쇄되는 S는?

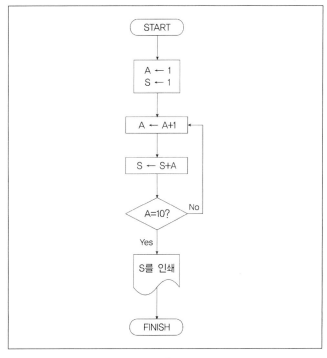

① 36　　　　　　　② 45

③ 55　　　　　　　④ 66

⑤ 68

다음은 SWOT분석에 대한 설명이다. 설명을 읽고 문제에 제시된 SWOT분석을 통해 도출한 전략으로 옳은 것을 고르시오.

SWOT이란, 강점(Strength), 약점(Weakness), 기회(Opportunity), 위협(Threat)의 머리글자를 모아 만든 단어로 경영 전략을 수립하기 위한 도구이다. SWOT분석을 통해 도출된 조직의 외부/내부 환경을 분석 결과를 통해 각각에 대응하는 전략을 도출하게 된다.

SO 전략이란 기회를 활용하면서 강점을 더욱 강화하는 공격적인 전략이고, WO 전략이란 외부환경의 기회를 활용하면서 자신의 약점을 보완하는 전략으로 이를 통해 기업이 처한 국면의 전환을 가능하게 할 수 있다. ST 전략은 외부환경의 위험요소를 회피하면서 강점을 활용하는 전략이며, WT 전략이란 외부환경의 위협요인을 회피하고 자사의 약점을 보완하는 전략으로 방어적 성격을 갖는다.

내부 외부	강점(Strength)	약점(Weakness)
기회 (Opportunity)	SO 전략 (강점-기회 전략)	WO 전략 (약점-기회 전략)
위협 (Threat)	ST 전략 (강점-위협 전략)	WT 전략 (약점-위협 전략)

41. 다음은 국내 화장품 산업의 SWOT분석이다. 주어진 전략 중 가장 적절한 것은?

강점 (Strength)	• 참신한 제품 개발 능력과 상위의 생산시설 보유 • 한류 콘텐츠와 연계된 성공적인 마케팅 • 상대적으로 저렴한 가격 경쟁력
약점 (Weakness)	• 아시아 외 시장에서의 존재감 미약 • 대기업 및 일부 브랜드 편중 심화 • 색조 분야 경쟁력이 상대적으로 부족
기회 (Opportunity)	• 중국·동남아 시장 성장 가능성 • 중국 화장품 관세 인하 • 유럽에서의 한방 원료 등을 이용한 'Korean Therapy' 관심 증가
위협 (Threat)	• 글로벌 업체들의 중국 진출(경쟁 심화) • 중국 로컬 업체들의 추격 • 중국 정부의 규제 강화 가능성

내부 외부	강점(Strength)	약점(Weakness)
기회 (Opportunity)	① 색조 화장품의 개발로 중국·동남아 시장 진출	② 다양한 한방 화장품 개발로 유럽 시장에 존재감 부각
위협 (Threat)	③ 저렴한 가격과 높은 품질을 강조하여 유럽 시장에 공격적인 마케팅 ⑤ 저렴한 가격 경쟁력을 바탕으로 동남아 시장 진출	④ 한류 콘텐츠와 연계한 마케팅으로 중국 로컬 업체들과 경쟁

42. 다음은 국내 SW 산업의 SWOT분석이다. 주어진 전략 중 가장 적절한 것은?

강점 (Strength)	• 다양한 부문의 시스템 구축 경험 및 도메인 지식 확보 • 시장의 신기술 거부감이 상대적으로 낮아 선점 기회 높음
약점 (Weakness)	• SW기업의 글로벌 시장에 대한 경쟁력 및 경험 부족 • SW산업을 3D 업종으로 인식해 신규 우수인재 기피
기회 (Opportunity)	• 정부의 SW산업 성장동력화 추진 의지 • 제조 분야의 고품질화, 지능화 욕구로 성장 잠재력 기회
위협 (Threat)	• 중국 등 후발경쟁국과 급격히 줄어든 기술격차 • 고급 SW인력의 이직 등에 의한 이탈 심화

내부 외부	강점(Strength)	약점(Weakness)
기회 (Opportunity)	① 한발 빠른 신기술 개발로 후발경쟁국과의 기술격차를 넓힘	② SW기반 서비스 시장 창출 ③ 시스템 구축 경험을 바탕으로 글로벌 시장 진출
위협 (Threat)	④ 국가별·지역별 전략적 해외진출 강화	⑤ 작업환경변화 등 우수 인력 유입 촉진을 위한 기반을 조성하여 이직 등에 의한 이탈에 대비

43. 다음은 조직의 유형에 대한 설명이다. 옳은 것을 모두 고른 것은?

> ㉠ 조직은 영리성을 기준으로 공식조직과 비공식조직으로 구분할 수 있다.
> ㉡ 조직은 비공식조직으로부터 공식조직으로 발전해왔다.
> ㉢ 정부조직은 비영리조직에 속한다.
> ㉣ 비공식조직 내에서 인간관계를 지향하면서 공식조직이 생성되기도 한다.
> ㉤ 기업과 같이 이윤을 목적으로 하는 조직을 공식조직이라 한다.

① ㉠㉣
② ㉡㉢
③ ㉡㉤
④ ㉢㉣
⑤ ㉢㉤

┃44~45┃ 다음 결재규정을 보고 주어진 상황에 알맞게 작성된 양식을 고르시오.

〈결제규정〉
- 결재를 받으려면 업무에 대해서는 최고결재권자(대표이사)를 포함한 이하 직책자의 결재를 받아야 한다.
- '전결'이라 함은 회사의 경영활동이나 관리활동을 수행함에 있어 의사결정이나 판단을 요하는 일에 대하여 최고결재권자의 결재를 생략하고, 자신의 책임 하에 최종적으로 의사결정이나 판단을 하는 행위를 말한다.
- 전결사항에 대해서도 위임 받은 자를 포함한 이하 직책자의 결재를 받아야 한다.
- 표시내용 : 결재를 올리는 자는 최고결재권자로부터 전결사항을 위임 받은 자가 있는 경우 결재란에 전결이라고 표시하고 최종 결재권자에 위임 받은 자를 표시한다. 다만, 결재가 불필요한 직책자의 결재란은 상황대각선으로 표시한다.
- 최고결재권자의 결재사항 및 최고결재권자로부터 위임된 전결사항은 다음의 표에 따른다.

구분	내용	금액 기준	결재서류	팀장	본부장	대표 이사
접대비	거래처 식대, 경조사비 등	20만 원 이하	접대비지출 품의서 지출결의서	●■		
		30만 원 이하			●■	
		30만 원 초과				●■
교통비	국내 출장비	30만 원 이하	출장계획서 출장비 신청서	●■		
		50만 원 이하		●	■	
		50만 원 초과		●		■
	해외 출장비			●		■
소모품비	사무용품		지출결의서	■		
	문서, 전산소모품					■
	기타 소모품	20만 원 이하		■		
		30만 원 이하			■	
		30만 원 초과				■
교육 훈련비	사내외 교육		기안서 지출결의서	●		■
법인 카드	법인카드 사용	50만 원 이하	법인카드 신청서	■		
		100만 원 이하			■	
		100만 원 초과				■

● : 기안서, 출장계획서, 접대비지출품의서
■ : 지출결의서, 세금계산서, 발행요청서, 각종 신청서

44. 영업부 사원 I씨는 거래업체 직원들과 저녁 식사를 위해 270,000원을 지불하였다. I씨가 작성해야 하는 결재 방식으로 옳은 것은?

①

접대비지출품의서			
결재	담당	팀장	본부장	최종 결재
	I	／	／	전결

②

접대비지출품의서			
결재	담당	팀장	본부장	최종 결재
	I	전결		본부장

③

지출결의서			
결재	담당	팀장	본부장	최종 결재
	I	전결	／	본부장

④

접대비지출품의서			
결재	담당	팀장	본부장	최종 결재
	I	／	전결	본부장

⑤

지출결의서			
결재	담당	팀장	본부장	최종 결재
	I	전결	／	팀장

45. 편집부 직원 R씨는 해외 시장 모색을 위해 영국행 비행기 티켓 500,000원과 호주행 비행기 티켓 500,000원을 지불하였다. R씨가 작성해야 할 결재 방식으로 옳은 것은?

①

출장계획서			
결재	담당	팀장	본부장	최종 결재
	R		／	전결

②

출장계획서			
결재	담당	팀장	본부장	최종 결재
	R		전결	본부장

③

출장비신청서			
결재	담당	팀장	본부장	최종 결재
	R	전결	／	본부장

④

출장비신청서			
결재	담당	팀장	본부장	최종 결재
	R	／	／	대표이사

⑤

지출결의서			
결재	담당	팀장	본부장	최종 결재
	I	전결	／	팀장

46. 해외 법인에서 근무하는 귀하는 중요한 프로젝트의 계약을 앞두고 현지 거래처 귀빈들을 위한 식사 자리를 준비하게 되었다. 본사와 거래처의 최고 경영진들이 대거 참석하는 자리인 만큼 의전에도 각별히 신경을 써야 하는 매우 중요한 자리이다. 이러한 외국 손님들과의 식사 자리를 준비하는 에티켓에 관한 다음 보기와 같은 설명 중 적절하지 않은 것은 무엇인가?

① 테이블의 모양과 좌석의 배치 등도 매우 중요하므로 반드시 팩스나 이메일로 사전에 참석자에게 정확하게 알려 줄 필요가 있다.

② 종교적 이유로 특정음식을 먹지 않는 고객의 유무 등 특별 주문 사항이 있는지를 미리 확인한다.

③ 상석(上席)을 결정할 경우, 나이는 많은데 직위가 낮으면 나이가 직위를 우선한다.

④ 최상석에 앉은 사람과 가까운 자리일수록 순차적으로 상석이 되며, 멀리 떨어진 자리가 말석이 된다.

⑤ 핸드백이나 기타 휴대품은 식탁 위에 올려놓는 것은 금물이다.

47. 다음 중 임파워먼트에 해당하는 사례는 무엇인가?

① 영업부 팀장 L씨는 사원 U씨에게 지난 상반기의 판매 수치를 정리해 오라고 요청하였다. 또한 데이터베이스를 업데이트하고, 회계부서에서 받은 수치를 반영하여 새로운 보고서를 제출하라고 지시하였다.

② 편집부 팀장 K씨는 사원 S씨에게 지난 3달간의 도서 판매 실적을 정리해 달라고 요청하였다. 또한 신간등록이 되어 있는지 확인 후 업데이트하고, 하반기에 내놓을 새로운 도서의 신간 기획안을 제출하라고 지시하였다.

③ 마케팅팀 팀장 I씨는 사원 Y씨에게 상반기 판매 수치를 정리하고 이 수치를 분석하여 하반기 판매 향상에 도움이 될 만한 마케팅 계획을 직접 개발하도록 지시했다.

④ 홍보부 팀장 H씨는 사원 R씨에게 지난 2년간의 회사 홍보물 내용을 검토하고 업데이트 할 내용을 정리한 후 보고서로 작성하여 10부를 복사해 놓으라고 지시하였다.

⑤ 관리부 팀장 A씨는 사원 B씨에게 관리부 팀원들의 이번 달 연·월차 사용 유무를 정리하여 팀원들에게 확인 후 보고하도록 지시했다.

48. 다음 중 아래의 조직도를 올바르게 이해한 것은?

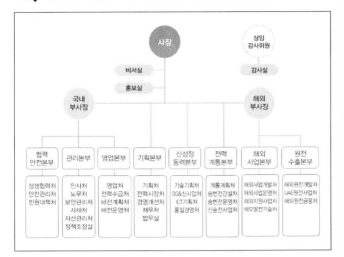

ㄱ 사장직속으로는 3개 본부, 13개 처, 2개 실로 구성되어 있다.

ㄴ 국내 · 해외부사장은 각 3개의 본부를 이끌고 있다.

ㄷ 감사실은 다른 부서들과는 별도로 상임 감사위원 산하에 따로 소속되어 있다.

ㄹ 노무처와 재무처는 서로 업무협동이 있어야 하므로 같은 본부에 소속되어 있다.

① ㄱ
② ㄷ
③ ㄴㄷ
④ ㄷㄹ
⑤ ㄴㄷㄹ

---

49. 김 대리는 여성의류 인터넷쇼핑몰 서비스팀에 근무 중으로 최근 불만 및 반품 접수가 증가하고 있어 이와 관련하여 회의를 진행하였다. 아래의 회의록을 보고 알 수 있는 내용은?

> ### 회의록
>
> • 회의일시 : 2017년 2월 13일
> • 회의장소 : 웰니스빌딩 3층 303호 소회의장
> • 부서 : 물류팀, 개발팀, 서비스팀
> • 참석자 : 물류팀 팀장, 과장, 개발팀 팀장, 과장, 서비스팀 팀장, 과장
>
> • 회의 안건
> 제품 의류에 염료 얼룩으로 인한 고객 불만반품에 따른 원인 조사 및 대책방안
>
> • 회의 내용
> 주문폭주로 인한 물량증가로 염료가 덜 마른 부직포 포장지를 사용하여 제품인 의류에 염색 얼룩이 묻은 것으로 추측
>
> • 의결 사항
> [물류팀]
> 컬러 부직포로 제품포장 하였던 기존방식에서 내부비닐포장 및 염료를 사용하지 않는 부직포로 2중 포장, 외부 종이상자 포장으로 교체
> [서비스팀]
> – 주문물량이 급격히 증가했던 일주일 동안 포장된 제품 전격 회수
> – 제품을 구매한 고객에 사과문 발송 및 100% 환불 보상 공지
> [개발팀]
> 포장 재질 및 부직포 염료 유해성분 조사

① 마케팅팀은 해당 브랜드의 전 제품을 회수 및 100% 환불 보상할 것을 공지한다.

② 주문량이 증가한 날짜는 2017년 02월 13일부터 일주일간 이다.

③ 주문량이 많아 염료가 덜 마른 부직포 포장지를 사용한 것이 문제 발생의 원인으로 추측된다.

④ 개발팀에서 제품을 전격 회수해 포장재 및 인쇄된 잉크의 유해성분을 조사하기로 했다.

⑤ 해당 제품의 환불 건수는 구매 건수의 50% 이상이다.

50. 다음에 해당하는 리더십의 유형은?

- 구성원에게 권한을 부여하고, 자신감을 불어넣는다.
- 구성원에게 도전적 목표와 임무, 미래의 비전을 추구하도록 한다.
- 구성원에게 개별적 관심과 배려를 보이고, 지적 자극을 준다.

① 카리스마적 리더십　　② 변혁적 리더십
③ 발전적 리더십　　　　④ 촉매적 리더십
⑤ 거래적 리더십

건강보험 심사평가원

직업기초능력평가 모의고사

[행정직/심사직]

제 2 회	영 역	의사소통능력, 문제해결능력, 정보능력, 조직이해능력
	문항수	50문항
	시 간	60분
	비 고	객관식 5지선다형

SEOWONGAK

(주)서원각

1. 다음은 회의 관련 규정의 일부이다. 잘못 쓰여 진 글자는 모두 몇 개인가?

제22조(회의 등)

① 심의위원회의 회의는 정기회의와 임시회이로 구분한다.

② 심의위원회의 회의는 공개한다. 다만, 다음 각 호의 어느 하나에 해당하는 경우에는 심의위원회의 의결로 공개하지 아니할 수 있다.

  1. 공개하면 국가안전보장을 해칠 우려가 있는 경우

  2. 다른 법령에 따라 비밀로 분류되거나 공개가 제한된 내용이 포함되어 있는 경우

  3. 공개하면 개인·법인 및 단체의 명예를 훼손하거나 정당한 이익을 해칠 우려가 있다고 인정되는 경우

  4. 감사·인사관리 등에 관한 사항으로 공개하면 공정한 업무수행에 현저한 지장을 초래할 우려가 있는 경우

③ 심의위원회의 회의는 재직위원 과반수의 출석과 출석위원 과반수의 찬성으로 의결한다.

④ 심의위원회는 그 소관직무 중 일부를 분담하여 효율적으로 수행하기 위하여 소위원회를 두거나 특정한 분야에 대한 자분 등을 수행하기 위하여 특별위원회를 둘 수 있다.

⑤ 심의위원회의 공개되는 회의를 회의장에서 방청하려는 사람은 신분을 증명할 수 있는 신분증을 제시하고, 회의 개최 전까지 방청건을 발급받아 방청할 수 있다. 이 경우 심의위원장은 회의의 적절한 운영과 질서유지를 위하여 필요한 때에는 방청인 수를 제한하거나 방청인의 퇴장을 명할 수 있다.

⑥ 심의위원회의 회의 운영, 소위원회 또는 특별위원회의 구성 및 운영에 관하여 그 밖에 필요한 사항은 대통령영으로 정한다.

---

① 2개
② 3개
③ 4개
④ 5개
⑤ 6개

2. 다음은 국민연금 가입자의 네 가지 형태를 설명하고 있는 글이다. ㈎~㈑에 해당하는 형태의 가입자를 순서대로 올바르게 연결한 것은 어느 것인가?

㈎ 납부한 국민연금 보험료가 있는 가입자 또는 가입자였던 자로서 60세에 달한 자가 가입기간이 부족하여 연금을 받지 못하거나 가입기간을 연장하여 더 많은 연금을 받기를 원할 경우는 65세에 달할 때까지 신청에 의하여 가입자가 될 수 있다.

㈏ 60세 이전에 본인의 희망에 의해 가입신청을 하면 가입자가 될 수 있다. 즉, 다른 공적연금에서 퇴직연금(일시금), 장애연금을 받는 퇴직연금 등 수급권자, 국민기초생활보장법에 의한 수급자 중 생계급여 또는 의료급여 또는 보장시설 수급자, 소득활동에 종사하지 않는 사업장가입자 등의 배우자 및 보험료를 납부한 사실이 없고 소득활동에 종사하지 않는 27세 미만인 자는 가입을 희망하는 경우 이 가입자가 될 수 있다.

㈐ 국내에 거주하는 18세 이상 60세 미만의 국민으로서 사업장가입자가 아닌 사람은 당연히 가입자가 된다. 다만, 다른 공적연금에서 퇴직연금(일시금), 장애연금을 받는 퇴직연금 등 수급권자, 국민기초생활보장법에 의한 수급자 중 생계급여 또는 의료급여 또는 보장시설 수급자, 소득활동에 종사하지 않는 사업장가입자 등의 배우자 및 보험료를 납부한 사실이 없고 소득활동에 종사하지 않는 27세 미만인 자는 이 가입자가 될 수 없다.

㈑ 국민연금에 가입된 사업장의 18세 이상 60세 미만의 사용자 및 근로자로서 국민연금에 가입된 자를 말한다. 1인 이상의 근로자를 사용하는 사업장 또는 주한외국기관으로서 1인 이상의 대한민국 국민인 근로자를 사용하는 사업장에서 근무하는 18세 이상 60세 미만의 사용자와 근로자는 당연히 이 가입자가 된다.

---

① 임의계속가입자 – 지역가입자 – 임의가입자 – 사업장 가입자
② 사업장 가입자 – 임의가입자 – 지역가입자 – 임의계속가입자
③ 임의계속가입자 – 임의가입자 – 사업장 가입자 – 지역가입자
④ 임의가입자 – 임의계속가입자 – 지역가입자 – 사업장 가입자
⑤ 임의계속가입자 – 임의가입자 – 지역가입자 – 사업장 가입자

3. 다음에 제시된 글을 보고 이 글의 목적에 대해 바르게 나타낸 것은?

제목 : 사내 신문의 발행

1. 우리 회사 직원들의 원만한 커뮤니케이션과 대외 이미지를 재고하기 위하여 사내 신문을 발간하고자 합니다.

2. 사내 신문은 홍보지와 달리 새로운 정보와 소식지로써의 역할이 기대되오니 아래의 사항을 검토하시고 재가해주시기 바랍니다.

-아　래-

㉠ 제호 : We 서원인
㉡ 판형 : 140 × 210mm
㉢ 페이지 : 20쪽
㉣ 출간 예정일 : 2018. 1. 1.

별첨 견적서 1부

---

① 회사에서 정부를 상대로 사업을 진행하려고 작성한 문서이다.
② 회사의 업무에 대한 협조를 구하기 위하여 작성한 문서이다.
③ 회사의 업무에 대한 현황이나 진행상황 등을 보고하고자 하는 문서이다.
④ 회사 상품의 특성을 소비자에게 설명하기 위하여 작성한 문서이다.
⑤ 간단한 메모 형식으로 여러 사람이 차례로 돌려 보기 위해 작성한 문서이다.

4. 다음은 기업의 정기 주주 총회 소집 공고문이다. 이에 대한 설명으로 옳은 것을 모두 고른 것은?

[정기 주주 총회 소집 공고]

상법 제 361조에 의거 ㈜ ○○기업 정기 ㉮주주 총회를 아래와 같이 개최하오니 ㉯주주님들의 많은 참석 바랍니다.
－아　래－
1. 일시 : 2012년 3월 25일(일) 오후 2시
2. 장소 : 본사 1층 대회의실
3. 안건
　－제1호　의안 : 제7기(2011. 1. 1 ～ 2011. 12. 31)　재무제표
　　승인의 건
　－제2호 의안 : ㉰이사 보수 한도의 건
　－제3호 의안 : ㉱감사 선임의 건
　　　　　　　　－생　략－

㉠ ㉮는 이사회의 하위 기관이다.
㉡ ㉯는 증권 시장에서 주식을 거래할 수 있다.
㉢ ㉰는 별도의 절차 없이 대표 이사가 임명을 승인한다.
㉣ ㉱는 이사회의 업무 및 회계를 감시한다.

① ㉠㉡　　　　　　　② ㉠㉢
③ ㉡㉣　　　　　　　④ ㉢㉣
⑤ ㉡㉢㉣

5. 다음은 어느 공공기관에서 추진하는 '바람직한 우리 사회'를 주제로 한 포스터이다. 포스터의 주제를 가장 효과적으로 표현한 사원은?

① 甲 : 깨끗한 우리 사회, 부패 척결에서 시작합니다.
② 乙 : 밝고 따뜻한 사회, 작은 관심에서 출발합니다.
③ 丙 : 자연을 보호하는 일, 미래를 보호하는 일입니다.
④ 丁 : 맹목적인 기업 투자, 회사를 기울게 만들 수 있습니다.
⑤ 戊 : 복지사회 구현, 지금 시작해야 합니다.

6. 다음 글에서 가장 중요한 요점은 무엇인가?

부패방지위원회

수신자 : 수신자 참조
(경유)
제목 : 2015년 부패방지평가 보고대회 개최 알림

1. 귀 기관의 무궁한 발전을 기원합니다.
2. 지난 3년간의 부패방지 성과를 돌아보고 국가청렴도 향상을 위한 정책방안을 정립하기 위하여 2015년 부패방지평가 보고대회를 붙임(1)과 같이 개최하고자 합니다.
3. 동 보고대회의 원활한 진행을 위하여 붙임(2)의 협조사항을 2015년 1월 20일까지 행사준비팀(전화 : 02-000-0000, 팩스 : 02-000-0001, E-mail : 0000@0000.co.kr)로 알려 주시기 바랍니다.

※ 초청장은 추후 별도 송부 예정임

붙임 (1) : 2015년 부패방지평가 보고대회 기본계획 1부
(2) : 행사준비관련 협조사항 1부. 끝.

부패방지위원회 회장
○○○
수신자 부패방지공관 부패방지시민모임 기업홍보부 정의실천모임

---

① 수신자의 기관에 무궁한 발전을 위하여
② 초청장의 발행 여부 확인을 위하여
③ 보고대회가 개최됨을 알리기 위하여
④ 기업홍보를 위한 스폰서를 모집하기 위하여
⑤ 행사 일정 변경을 알리기 위하여

▎7~8▎ 다음은 어느 회사 홈페이지에서 안내하고 있는 사회보장의 정의에 대한 내용이다. 물음에 답하시오.

• '사회보장'이라는 용어는 유럽에서 실시하고 있던 사회보험의 '사회'와 미국의 대공황 시기에 등장한 긴급경제보장위원회의 '보장'이란 용어가 합쳐져서 탄생한 것으로 알려져 있다. 1935년에 미국이 「사회보장법」을 제정하면서 법률명으로서 처음으로 사용되었고, 이후 사회보장이라는 용어는 전 세계적으로 ⊙통용되기 시작하였다.
• 제2차 세계대전 후 국제노동기구(ILO)의 「사회보장의 길」과 영국의 베버리지가 작성한 보고서 「사회보험과 관련 서비스」 및 프랑스의 라로크가 ⓒ책정한 「사회보장계획」의 영향으로 각국에서 구체적인 사회정책으로 제도화되기 시작하였다.
• 우리나라는 1962년 제5차 개정헌법 제30조 제2항에서 처음으로 '국가는 사회보장의 증진에 노력하여야 한다'고 규정하여 국가적 의무로서 '사회보장'을 천명하였고, 이에 따라 1963년 11월 5일 법률 제1437호로 전문 7개조의 「사회보장에 관한 법률」을 제정하였다.
• '사회보장'이라는 용어가 처음으로 사용된 시기에 대해서는 대체적으로 의견이 일치하고 있으며 해당 용어가 전 세계적으로 ⓒ파급되어 사용하고 있음에도 불구하고, '사회보장'의 개념에 대해서는 개인적, 국가적, 시대적, 학문적 관점에 따라 매우 다양하게 인식되고 있다.
• 국제노동기구는 「사회보장의 길」에서 '사회보장'은 사회구성원들에게 발생하는 일정한 위험에 대해서 사회가 적절하게 부여하는 보장이라고 정의하면서, 그 구성요소로 전체 국민을 대상으로 해야 하고, 최저생활이 보장되어야 하며 모든 위험과 사고가 보호되어야 할뿐만 아니라 공공의 기관을 통해서 보호나 보장이 이루어져야 한다고 하였다.
• 우리나라는 사회보장기본법 제3조 제1호에 의하여 "사회보장"이란 출산, ②양육, 실업, 노령, 장애, 질병, 빈곤 및 사망 등의 사회적 위험으로부터 모든 국민을 보호하고 국민 삶의 질을 향상 시키는데 필요한 소득·서비스를 보장하는 사회보험, 공공⑩부조, 사회서비스를 말한다'라고 정의하고 있다.

---

7. 사회보장에 대해 잘못 이해하고 있는 사람은?

① 영은 : '사회보장'이라는 용어가 법률명으로 처음 사용된 것은 1935년 미국에서였대.
② 원일 : 각국에서 사회보장을 구체적인 사회정책으로 제도화하기 시작한 것은 제2차 세계대전 이후구나.
③ 지민 : 사회보장의 개념은 어떤 관점에서 보느냐에 따라 매우 다양하게 인식될 수 있겠군.
④ 정현 : 국제노동기구의 입장에 따르면 개인에 대한 개인의 보호나 보장 또한 사회보장으로 볼 수 있어.
⑤ 우리나라 사회보장기본법에 따르면 사회보험, 공공부조, 사회서비스가 사회보장에 해당하는군.

8. 밑줄 친 단어가 한자로 바르게 표기된 것은?

① ㉠ 통용 – 通容
② ㉡ 책정 – 策正
③ ㉢ 파급 – 波及
④ ㉣ 양육 – 羊肉
⑤ ㉤ 부조 – 不調

9. 다음은 ○○기업의 입사지원서 중 자기소개서 평가의 일부이다. 이를 통해 기업이 평가하려고 하는 직업기초능력으로 적절한 것을 모두 고른 것은?

▶ 모집 분야 : ○○기업 고객 상담 센터
- 고객과 상담 도중 고객의 의도를 정확하게 파악하여 자신의 뜻을 효과적으로 전달할 수 있는 방안을 서술하시오.
- 예상하지 못했던 문제로 계획했던 일이 진행되지 않았을 때, 문제가 발생한 원인을 정확하게 파악하고 해결했던 경험을 서술하시오.

㉠ 수리능력	㉡ 자원관리능력
㉢ 문제해결능력	㉣ 의사소통능력

① ㉠㉡
② ㉠㉢
③ ㉡㉢
④ ㉢㉣
⑤ ㉡㉢㉣

10. 다음 두 글에서 '이것'에 대한 설명으로 가장 적절한 것은?

㉮ 미국 코넬 대학교 심리학과 연구팀은 본교 32명의 여대생을 대상으로 미국의 식품산업 전반에 대한 의견 조사를 실시했다. 'TV에 등장하는 음식 광고가 10년 전에 비해 줄었는지 아니면 늘었는지'를 중심으로 여러 가지 질문을 던졌다. 모든 조사가 끝난 후 설문에 참가한 여대생들에게 다이어트 여부에 대한 추가 질문을 했다. 식사량에 신경을 쓰고 있는지, 지방이 많은 음식은 피하려고 노력하고 있는지 등에 대한 질문들이었다. 현재 다이어트에 신경 쓰고 있는 여대생들은 그렇지 않은 여대생보다 TV의 식품 광고가 더 늘었다고 인식한 분석 결과가 나타났다. 이들이 서로 다른 TV 프로그램을 봤기 때문일까? 물론 그렇지 않다. 이유는 간단하다. 다이어트를 하는 여대생들은 음식에 대한 '이것'으로 세상을 보고 있었기 때문이다.

㉯ 코넬 대학교 연구팀은 미국의 한 초등학교 교사와 교직원을 대상으로 아동들이 직면하고 있는 위험요소가 5년 전에 비하여 증가했는지 감소했는지 조사했다. 그런 다음 응답자들에게 신상 정보를 물었는데, 그 중 한 질문이 첫 아이가 태어난 연도였다. 그 5년 사이에 첫 아이를 낳은 응답자와 그렇지 않은 응답자의 위험 지각 정도를 비교했다. 그 기간 동안에 부모가 된 교사와 직원들이, 그렇지 않은 사람들에 비해 아이들이 직면한 위험 요소가 훨씬 더 늘었다고 답했다. 부모가 되는 순간 세상을 위험한 곳으로 인식하기 시작하는 것이다. 그런 이유로 이들은 영화나 드라마에 등장하는 'F'로 시작하는 욕도 더 예민하게 받아들인다. 이 점에 대해 저널리스트 엘리자베스 오스틴은 이렇게 지적한다. "부모가 되고 나면 영화, 케이블 TV, 음악 그리고 자녀가 없는 친구들과의 대화중에 늘 등장하는 비속어에 매우 민감해진다." 이처럼 우리가 매일 보고 듣는 말이나 그 내용은 개개인의 '이것'에 의해 결정된다.

① 자기 자신의 관심에 따라 세상을 규정하는 사고방식이다.
② 자기 자신에 의존하여 자신이 모든 것을 결정하려고 하는 욕구이다.
③ 특정한 부분에 순간적으로 집중하여 선택적으로 지각하는 능력이다.
④ 자기 자신의 경험과 인식이 정확하고 객관적이라고 믿는 입장이다.
⑤ 한 사회의 특정 시대를 관통하는 공통적인 생각이다.

11. 다음 토론의 '입론'에 대한 이해로 적절하지 못한 것은?

> 찬성 1 : 저는 한식의 표준화가 필요하다고 생각합니다. 이를 위해 한국을 대표하는 음식들의 조리법부터 표준화해야 합니다. 한식의 조리법은 복잡한 데다 계량화되어 있지 않은 경우가 많아서 조리하는 사람에 따라 많은 차이가 나게 됩니다. 게다가 최근에는 한식 고유의 맛과 모양에서 많이 벗어난 음식들까지 등장하여 한식 고유의 맛과 정체성을 흔들고 있습니다. 따라서 한국을 대표하는 음식들부터 식자재 종류와 사용량, 조리하는 방법 등을 일정한 기준에 따라 통일해 놓으면 한식 고유의 맛과 정체성을 지키는 데 큰 도움이 될 것입니다.
>
> 반대 2 : 한식의 표준화가 획일화를 가져와 한식의 다양성을 훼손할 수 있다는 생각은 안 해 보셨나요?
>
> 찬성 1 : 물론 해 보았습니다. 한식의 표준화가 한식의 다양성을 훼손할 수도 있지만, 한식 고유의 맛과 정체성을 지키기 위해서는 꼭 필요한 일입니다.
>
> 사회자 : 찬성 측 토론자의 입론과 이에 대한 교차 조사를 잘 들었습니다. 이어서 반대 측 토론자가 입론을 해 주시기 바랍니다.
>
> 반대 1 : 한식 고유의 맛과 정체성은 다른 데 있는 게 아니라 조리하는 사람의 깊은 손맛에 있다고 봅니다. 그런데 한식을 섣불리 표준화하면 이러한 한식 고유의 손맛을 잃어 버려 한식 고유의 맛과 정체성이 오히려 더 크게 훼손될 것입니다.
>
> 찬성 1 : 한식 조리법을 표준화하면 손맛을 낼 수 없다는 말씀이신가요?
>
> 반대 1 : 손맛은 조리하는 사람마다의 경험과 정성에서 우러나오는 것인데, 조리법을 표준화하면 음식에 이러한 것들을 담기 어려울 것입니다.
>
> 사회자 : 이어서 찬성과 반대 측 토론자의 두 번째 입론을 시작하겠습니다. 교차 조사도 함께 진행해 주시기 바랍니다.
>
> 찬성 2 : 저는 한식의 표준화가 한식의 세계화를 위해서도 꼭 필요하다고 생각합니다. 최근 케이팝(K-pop)과 드라마 등 한국 대중문화가 세계 속에 널리 알려지면서 우리 음식에 대한 세계인들의 관심이 점점 높아지고 있는데, 한식의 조리법이 표준화되어 있지 않아서 이것이 한식의 세계화에 걸림돌이 되고 있습니다. 얼마 전 외국의 한식당에 가 보니 소금에 절이지도 않은 배추를 고춧가루 양념에만 버무려 놓고, 이것을 김치로 판매하고 있더군요. 이런 문제들이 해결되어야 한식의 세계화가 원활하게 이루어질 것입니다.
>
> 반대 1 : 그것은 한식의 표준화보다 정책 당국의 관심과 적극적인 홍보를 통해 해결할 수 있는 문제가 아닐까요?
>
> 찬성 2 : 물론 그렇습니다. 그런데 한식의 표준화가 이루어져 있다면 정부의 홍보도 훨씬 쉬워질 것입니다.
>
> 반대 2 : 표준화가 되어 있지 않아도 외국에서 큰 호응을 얻고 있는 한식당들이 최근 점점 늘어가고 있습니다. 이런 추세를 감안할 때, 한식의 표준화가 한식의 세계화를 위해 꼭 필요한 것은 아니라고 생각합니다. 인도는 카레로 유명한 나라지만 표준화된 인도식 카레 같은 것은 없지 않습니까? 그리고 음식의 표준을 정한다는 것도 현실적으로 가능한 것인지 모르겠습니다. 세계인들의 입맛은 우리와 다르고 또 다양할 텐데 한식을 표준화하는 것은 오히려 한식의 세계화를 어렵게 할 수 있습니다.

① '찬성 1'은 한식 조리법의 특성과 최근의 부정적 상황을 논거로 제시하고 있다.

② '반대 1'은 한식의 표준화가 초래할 수 있는 부작용을 논거로 제시하고 있다.

③ '찬성 2'는 한식의 표준화가 여러 대안들 중 최선의 선택이라는 점을 부각하고 있다.

④ '반대 2'는 현황과 사례를 들어 한식의 표준화가 필요하지 않다는 논지를 강화하고 있다.

⑤ '반대 1'은 한식의 표준화가 한식의 정체성을 훼손할 것이라고 주장하고 있다.

12. 다음 주어진 문장이 참이라 할 때, 항상 참이 되는 말은?

> • 무한도전을 좋아하는 사람은 런닝맨도 좋아한다.
> • 유재석을 좋아하는 사람은 무한도전도 좋아한다.
> • 런닝맨을 좋아하는 사람은 하하를 좋아한다.

① 런닝맨을 좋아하는 사람은 무한도전도 좋아한다.

② 하하를 좋아하는 사람은 런닝맨도 좋아한다.

③ 무한도전을 좋아하지 않는 사람은 런닝맨도 좋아하지 않는다.

④ 하하를 좋아하지 않는 사람은 무한도전도 좋아하지 않는다.

⑤ 유재석을 좋아하는 사람은 하하를 좋아하지 않는다.

13. 함께 여가를 보내려는 A, B, C, D, E 다섯 사람의 자리를 원형 탁자에 배정하려고 한다. 다음 글을 보고 옳은 것을 고르면?

- A 옆에는 반드시 C가 앉아야 된다.
- D의 맞은편에는 A가 앉아야 된다.
- 여가시간을 보내는 방법은 책읽기, 수영, 영화 관람이다.
- C와 E는 취미생활을 둘이서 같이 해야 한다.
- B와 C는 취미가 같다.

① A의 오른편에는 B가 앉아야 한다.

② B가 책읽기를 좋아한다면 E도 여가 시간을 책읽기로 보낸다.

③ B는 E의 옆에 앉아야 한다.

④ A와 D 사이에 C가 앉아있다.

⑤ D는 영화 관람을 하며 여가시간을 보낸다.

14. 다음 글과 〈법조문〉을 근거로 판단할 때, 甲이 乙에게 2,000만 원을 1년간 빌려주면서 선이자로 800만 원을 공제하고 1,200만 원만을 준 경우, 乙이 갚기로 한 날짜에 甲에게 전부 변제하여야 할 금액은?

돈이나 물품 등을 빌려 쓴 사람이 돈이나 같은 종류의 물품을 같은 양만큼 갚기로 하는 계약을 소비대차라 한다. 소비대차는 이자를 지불하기로 약정할 수 있고, 그 이자는 일정한 이율에 의하여 계산한다. 이런 이자는 돈을 빌려주면서 먼저 공제할 수도 있는데, 이를 선이자라 한다. 한편 약정 이자의 상한에는 법률상의 제한이 있다.

〈법조문〉

제00조
① 금전소비대차에 관한 계약상의 최고이자율은 연 30%로 한다.
② 계약상의 이자로서 제1항에서 정한 최고이자율을 초과하는 부분은 무효로 한다.
③ 약정금액(당초 빌려주기로 한 금액)에서 선이자를 사전공제한 경우, 그 공제액이 '채무자가 실제 수령한 금액'을 기준으로 하여 제1항에서 정한 최고이자율에 따라 계산한 금액을 초과하면 그 초과부분은 약정금액의 일부를 변제한 것으로 본다.

① 760만 원

② 1,000만 원

③ 1,560만 원

④ 1,640만 원

⑤ 1,720만 원

15. 다음은 정부에서 지원하는 〈귀농인 주택시설 개선사업 개요〉와 〈심사 기초 자료〉이다. 이를 근거로 판단할 때, 지원대상 가구만을 모두 고르면?

〈귀농인 주택시설 개선사업 개요〉
▫ 사업목적 : 귀농인의 안정적인 정착을 도모하기 위해 일정 기준을 충족하는 귀농가구의 주택 개·보수 비용을 지원
▫ 신청자격 : △△군에 소재하는 귀농가구 중 거주기간이 신청마감일(2014. 4. 30.) 현재 전입일부터 6개월 이상이고, 가구주의 연령이 20세 이상 60세 이하인 가구
▫ 심사기준 및 점수 산정방식
• 신청마감일 기준으로 다음 심사기준별 점수를 합산한다.
• 심사기준별 점수
  (1) 거주기간 : 10점(3년 이상), 8점(2년 이상 3년 미만), 6점(1년 이상 2년 미만), 4점(6개월 이상 1년 미만)
  ※ 거주기간은 전입일부터 기산한다.
  (2) 가족 수 : 10점(4명 이상), 8점(3명), 6점(2명), 4점(1명)
  ※ 가족 수에는 가구주가 포함된 것으로 본다.
  (3) 영농규모 : 10점(1.0 ha 이상), 8점(0.5 ha 이상 1.0 ha 미만), 6점(0.3 ha 이상 0.5 ha 미만), 4점(0.3 ha 미만)
  (4) 주택노후도 : 10점(20년 이상), 8점(15년 이상 20년 미만), 6점(10년 이상 15년 미만), 4점(5년 이상 10년 미만)
  (5) 사업시급성 : 10점(매우 시급), 7점(시급), 4점(보통)
▫ 지원내용
• 예산액 : 5,000,000원
• 지원액 : 가구당 2,500,000원
• 지원대상 : 심사기준별 점수의 총점이 높은 순으로 2가구. 총점이 동점일 경우 가구주의 연령이 높은 가구를 지원. 단, 하나의 읍·면당 1가구만 지원 가능

〈심사 기초 자료(2014. 4. 30. 현재)〉

귀농가구	가구주 연령 (세)	주소지 (△△군)	전입일	가족 수 (명)	영농규모 (ha)	주택노후도 (년)	사업시급성
甲	49	A	2010. 12. 30	1	0.2	17	매우 시급
乙	48	B	2013. 5. 30	3	1.0	13	매우 시급
丙	56	B	2012. 7. 30	2	0.6	23	매우 시급
丁	60	C	2013. 12. 30	4	0.4	13	시급
戊	33	D	2011. 9. 30	2	1.2	19	보통

① 甲, 乙

② 甲, 丙

③ 乙, 丙

④ 乙, 丁

⑤ 丙, 戊

16. 다음은 인력변경보고 업무처리 절차를 도식화한 것이다. 잘못 쓰여 진 글자는 모두 몇 개인가?

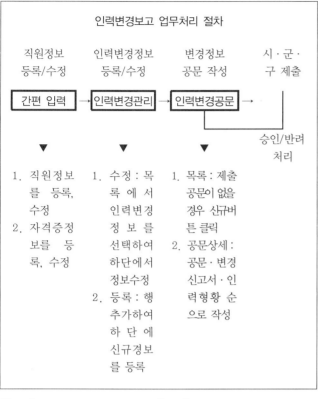

인력변경보고 업무처리 절차

직원정보 등록/수정	인력변경정보 등록/수정	변경정보 공문 작성	시·군· 구 제출
간편 입력 →	인력변경관리 →	인력변경공문 →	
			승인/반려 처리

1. 직원정보를 등록, 수정
2. 자격증정보를 등록, 수정

1. 수정 : 목록에서 인력변경정보를 선택하여 하단에서 정보수정
2. 등록 : 행 추가하여 하단에 신규경보를 등록

1. 목록 : 제출 공문이 없을 경우 신규버튼 클릭
2. 공문상세 : 공문·변경신고서·인력형황 순으로 작성

① 2개 ② 3개
③ 4개 ④ 5개
⑤ 6개

17. 상사의 자녀 결혼식에 오신 하객들에게 보내기 위해 작성한 감사의 글에서 다음 중 잘못 읽은 한자음은?

感謝의 말씀

지난 ○월 ○일 저희 아들(○○)의 ㉠婚禮에 바쁘신 중에도 참석하셔서 자리를 빛내 주시고 따뜻한 정으로 ㉡祝福하여 주신 데 대하여 깊이 感謝드립니다.

마땅히 찾아뵙고 人事드림이 도리인 줄 아오나 우선 紙面으로 人事드림을 ㉢惠諒하여 주시기 바랍니다. 아울러 항상 健勝하시고 뜻하시는 모든 일이 ㉣亨通하시길 ㉤祈願합니다. 진심으로 感謝합니다.

① ㉠ 혼례 ② ㉡ 축복
③ ㉢ 혜언 ④ ㉣ 형통
⑤ ㉤ 기원

18. 다음 메모와 관련된 내용으로 옳지 않은 것은?

MEMO
To : All Staff
From : Robert Burns
Re : Staff meeting

This is just to remind everyone about the agenda for Monday's meeting. The meeting will be a combination of briefing and brainstorming session. Please come prepared to propose ideas for reorganizing the office! And remember that we want to maintain a positive atmosphere in the meeting. We don't criticize any ideas you share. All staff members are expected to attend meeting!

① 전 직원들에게 알리는 글이다.
② 간부들만 회의에 참석할 수 있음을 알리는 글이다.
③ 회의는 브리핑과 브레인스토밍 섹션으로 구성될 것이다.
④ 사무실 재편성에 관한 아이디어에 관한 회의가 월요일에 있을 것이다.
⑤ 회의는 긍정적인 분위기를 유지하기를 바란다.

19. 당신의 팀은 본부 내 다른 팀과 비교하였을 때 계속 실적이 떨어지는 추세를 보이고 있다. 곰곰이 따져 다음과 같은 여러 가지 팀 내 현상을 정리한 당신은 실적 하락의 근본 원인을 찾아 들어가 도식화하여 팀장에게 보고하려 한다. 다음 중 현상 간의 인과관계를 따져볼 때 당신이 ㉢에 입력할 내용으로 가장 적절한 것은?

- 팀장이 항상 너무 바쁘다.
- 팀장의 팀원 코칭이 불충분하다.
- 팀원의 업무 숙련도가 떨어진다.
- 팀장은 대부분 업무를 본인이 직접 하려 한다.
- 팀에 할당되는 업무가 매우 많다.

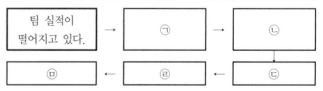

팀 실적이 떨어지고 있다.	→	㉠	→	㉡
㉤	←	㉣	←	㉢

① 팀장이 너무 바쁘다.
② 팀장의 팀원 코칭이 불충분하다.
③ 팀원의 업무 숙련도가 떨어진다.
④ 팀장은 대부분 업무를 본인이 직접 하려 한다.
⑤ 팀에 할당되는 업무가 매우 많다.

20. 다음과 같이 예산이 소요되는 다섯 개의 프로젝트가 있다. 이 프로젝트들은 향후 5년간 모두 완수되어야 한다. 연도별 가용 예산과 규정은 다음과 같다. 이 내용을 해석하여 바르게 설명한 것은?

〈프로젝트별 기간 및 소요 예산〉

- A 프로젝트 – 총 사업기간 2년, 1차년도 1억 원, 2차년도 4억 원 소요
- B 프로젝트 – 총 사업기간 3년, 1차년도 15억 원, 2차년도 18억 원, 3차년도 21억 원 소요
- C 프로젝트 – 총 사업기간 1년, 15억 원 소요
- D 프로젝트 – 총 사업기간 2년, 1차년도 15억 원, 2차년도 8억 원 소요
- E 프로젝트 – 총 사업기간 3년, 1차년도 6억 원, 2차년도 12억 원, 3차년도 24억 원 소요

〈연도별 가용 예산〉

- 1차년도 – 20억 원
- 2차년도 – 24억 원
- 3차년도 – 28억 원
- 4차년도 – 35억 원
- 5차년도 – 40억 원

〈규정〉

- 모든 사업은 시작하면 연속적으로 수행하여 끝내야 한다.
- 모든 사업은 5년 이내에 반드시 완료하여야 한다.
- 5개 프로젝트에 할당되는 예산은 남는 것은 상관없으나 부족해서는 안 되며, 남은 예산은 이월되지 않는다.

---

① A, D 프로젝트를 첫 해에 동시에 시작해야 한다.
② B 프로젝트를 세 번째 해에 시작하고, C 프로젝트는 최종 연도에 시행한다.
③ 첫 해에는 D 프로젝트를 수행해야 한다.
④ 첫 해에는 E 프로젝트만 수행해야 한다.
⑤ 5년 차에 진행되고 있는 프로젝트는 3개 이상이다.

21. 작업 A부터 작업 E까지 모두 완료해야 끝나는 업무에 대한 조건이 다음과 같을 때 옳지 않은 것은? (단, 모든 작업은 동일 작업장 내에서 행하여진다)

- ㉠ 작업 A는 4명의 인원과 10일의 기간이 소요된다.
- ㉡ 작업 B는 2명의 인원과 20일의 기간이 소요되며, 작업 A가 끝난 후에 시작할 수 있다.
- ㉢ 작업 C는 4명의 인원과 50일의 기간이 소요된다.
- ㉣ 작업 D와 E는 각 작업 당 2명의 인원과 20일의 기간이 소요되며, 작업 E는 작업 D가 끝난 후에 시작할 수 있다.
- ㉤ 모든 인력은 작업 A~E까지 모두 동원될 수 있으며 생산력은 모두 같다.
- ㉥ 인건비는 1인당 1일 10만 원이다.
- ㉦ 작업장 사용료는 1일 50만 원이다.

---

① 업무를 가장 빨리 끝낼 수 있는 최단 기간은 50일이다.
② 최단 기간에 업무를 끝내기 위해 필요한 최소 인력은 10명이다.
③ 작업 가능한 인력이 4명뿐이라면 업무를 끝낼 수 있는 기간은 100일이다.
④ 모든 작업을 끝내는데 드는 최소 비용은 6,100만 원이다.
⑤ 모든 작업을 끝내는 데 드는 최소 비용 중 인건비는 작업장 사용료보다 더 많다.

22. 부모를 대상으로 부모 – 자녀 간 대화의 실태를 조사하고자 한다. 아래 설문지에 추가해야 할 문항으로 가장 적절한 것은?

- 일주일에 자녀와 몇 번 대화를 하십니까?
- 자녀와 부모님 중 누가 먼저 대화를 시작하십니까?
- 자녀와의 정서적 대화가 얼마나 중요하다고 생각하십니까?
- 직접 대화 외에 다른 대화 방법(예 이메일, 편지 등)을 활용하십니까?

---

① 선호하는 대화의 장소는 어디입니까?
② 우울하십니까?
③ 직장에 다니십니까?
④ 자녀와 하루에 대화하는 시간은 어느 정도입니까?
⑤ 자녀의 생일을 알고 계십니까?

23. 다음 글의 내용과 거리가 먼 것은?

> 최근 아이들의 급격한 시력저하를 걱정하는 부모들이 늘고 있다. 초중고생은 물론이며 이제 유치원생까지 안경을 써야 할 정도로 시력이 나빠지고 있는 추세이다. 국민건강보험공단에 따르면 2002년~2009년 7년 사이에 19세 이하 아동·청소년 근시 환자는 약 55만 4,642명(2002년)에서 약 87만 6,950명(2009년)으로 58.1% 포인트나 증가했다. 선진국보다 다섯 배나 많은 수치다. 아이뿐 아니라 성인도 눈에 피로를 방치하면 안구건조증 같은 안구질환에 걸리기 쉽게 된다. 실제로 오랫동안 스마트폰이나 모니터를 보면서 일하는 직장인 중 안구건조증으로 고생하는 사람이 많다. 하루 4시간 넘게 게임을 즐기는 청소년 역시 안구건조증으로 병원을 찾는다.

① 오랫동안 스마트폰이나 모니터를 보면서 일하는 성인들도 안구건조증이 나타난다.
② 우리나라 아동·청소년의 근시 비율이 선진국에 비해 월등히 높다.
③ 선진국일수록 아동·청소년의 근시 비율이 높다.
④ 2002년에 비해 2009년의 아동·청소년 근시 환자가 약 32만 명 더 많다.
⑤ 눈에 피로를 방치할 경우 안구질환에 걸리기 쉽다.

24. 다음에 해당하는 언어의 기능은?

> 이 기능은 우리가 세계를 이해하는 정도에 비례하여 수행된다. 그러면 세계를 이해한다는 것은 무엇인가? 그것은 이 세상에 존재하는 사물에 대하여 이름을 부여함으로써 발생하는 것이다. 여기 한 그루의 나무가 있다고 하자. 그런데 그것을 나무라는 이름으로 부르지 않는 한 그것은 나무로서의 행세를 못한다. 인류의 지식이라는 것은 인류가 깨달아 알게 되는 모든 대상에 대하여 이름을 붙이는 작업에서 형성되는 것이라고 말해도 좋다. 어떤 사물이건 거기에 이름을 붙이면 그 사물의 개념이 형성된다. 다시 말하면, 그 사물의 의미가 확정된다. 그러므로 우리가 쓰고 있는 언어는 모두가 사물을 대상화하여 그것에 의미를 부여하는 이름이라고 할 수 있다.

① 정보적 기능
② 친교적 기능
③ 명령적 기능
④ 관어적 기능
⑤ 표현적 기능

25. 다음의 글을 읽고 박 대리가 저지른 실수를 바르게 이해한 것은?

> 직장인 박 대리는 매주 열리는 기획회의에서 처음으로 발표를 할 기회를 얻었다. 박 대리는 자신이 할 수 있는 문장실력을 총 동원하여 4페이지의 기획안을 작성하였다. 기획회의가 열리고 박 대리는 기획안을 당당하게 읽기 시작하였다. 2페이지를 막 읽으려던 때, 부장이 한 마디를 했다. "박 대리, 그걸 전부 읽을 셈인가? 결론이 무엇인지만 말하지." 그러자 박 대리는 자신이 작성한 기획안을 전부 발표하지 못하고 중도에 대충 결론을 맺어 발표를 마무리하게 되었다.

① 박 대리의 기획안에는 첨부파일이 없었다.
② 박 대리의 발표는 너무 시간이 길었다.
③ 박 대리의 기획안에는 참신한 아이디어가 없었다.
④ 박 대리의 발표는 간결하지 못하고 시각적인 부분이 부족했다.
⑤ 박대리의 문장실력이 출중하지 못했다.

┃26~27┃ 다음 글을 읽고 물음에 답하시오.

> (가) 바야흐로 "21세기는 문화의 세기가 될 것이다."라는 전망과 주장은 단순한 바람의 차원을 넘어서 보편적 현상으로 인식되고 있다. 이러한 현상은 세계 질서가 유형의 자원이 힘이 되었던 산업사회에서 눈에 보이지 않는 무형의 지식과 정보가 경쟁력의 원천이 되는 지식 정보 사회로 재편되는 것과 맥을 같이 한다.
>
> (나) 지금까지의 산업사회에서 문화와 경제는 각각 독자적인 영역을 유지해 왔다. 그러나 지식정보사회에서는 경제성장에 따라 소득 수준이 향상되고 교육 기회가 확대되면서 물질적 풍요를 뛰어넘는 삶의 질을 고민하게 되었고, 모든 재화와 서비스를 선택할 때 기능성을 능가하는 문화적, 미적 가치를 고려하게 되었다.
>
> (다) 이제 문화는 배부른 자나 유한계급의 전유물이 아니라 생활 그 자체가 되었다. 고급문화와 대중문화의 경계가 무너지고 장르 간 구분이 모호해지면서 서로 다른 문화가 뒤섞여 새로운 문화가 생겨나고 있다. 이렇게 해서 나타나는 퓨전 문화가 대중적 관심을 끌고 있는 가운데 이율배반적인 것처럼 보였던 문화와 경제의 공생 시대가 열린 것이다.
>
> (라) 특히 경제적 측면에서 문화는 고전 경제학에서 말하는 생산의 3대 요소인 토지·노동·자본을 대체하는 생산 요소가 되었을 뿐만 아니라 경제적 자본 이상의 주요한 자본이 되고 있다.

26. 주어진 글의 내용과 일치하지 않는 것은?

① 문화와 경제가 서로 도움이 되는 보완적 기능을 하는 공생 시대가 열렸다.

② 산업사회에서 문화와 경제는 각각 독자적인 영역을 유지해 왔다.

③ 이제 문화는 부유층의 전유물이 아니라 생활 그 자체가 되었다.

④ 경제적 측면에서 문화는 생산 요소이며 주요한 자본이 되고 있다.

⑤ 고급문화와 대중문화가 각자의 영역을 확고히 굳히며 그 깊이를 더하고 있다.

27. 주어진 글의 흐름에서 볼 때 아래의 글이 들어갈 적절한 곳은?

> 뿐만 아니라 정보통신이 급격하게 발달함에 따라 세계 각국의 다양한 문화를 보다 빠르게 수용하면서 문화적 욕구와 소비를 가속화시켰고, 그 상황 속에서 문화와 경제는 서로 도움이 되는 보완적 기능을 하게 되었다.

① ㈎ 앞   ② ㈎와 ㈏ 사이

③ ㈏와 ㈐ 사이   ④ ㈐와 ㈑ 사이

⑤ ㈑ 다음

28. 다음과 같이 상사 앞으로 팩스 전송된 심포지엄 초청장을 수령하였다. 상사는 현재 출장 중이며 5월 29일 귀국 예정이다. 부하직원의 대처로서 가장 적절하지 않은 것은?

> 1. 일시 : 2012년 5월 31일(목) 13:30~17:00
> 2. 장소 : 미래연구소 5층 회의실
> 3. 기타 : 회원(150,000원) / 비회원(200,000원)
> 4. 발표주제 : 지식경영의 주체별 역할과 대응방향
>   A. 국가 : 지식국가로 가는 길(미래 연구소 류상영 실장)
>   B. 기업 : 한국기업 지식경영모델(S연수원 김영수 이사)
>   C. 지식인의 역할과 육성방안(S연수원 황철 이사)
> 5. 문의 및 연락처 : 송수현 대리(전화 02-3780-8025)

① 상사의 일정가능여부 확인 후 출장 중에 있는 상사에게 간략하게 심포지엄 내용을 보고한다.

② 선임 대리에게 연락하여 참여인원 제한여부 등 관련 정보를 수집한다.

③ 상사가 이미 5월 31일 다른 일정이 있으므로 선임 대리에게 상사가 참석 불가능하다는 것을 알린다.

④ 상사에게 대리참석여부를 확인하여 관련자에게 상사의 의사가 전달될 수 있도록 한다.

⑤ 상사가 귀국한 후 확인할 수 있도록 심포지엄 발표주제와 관련된 자료를 정리해 놓는다.

29. 다음은 늘푸른 테니스회 모임의 회원명단이다. 적당한 분류법에 대한 설명 중 가장 적절한 것은?

> | | | | | |
> |---|---|---|---|---|
> | 금철영 | 손영자 | 한미숙 | 정민주 | 허민홍 |
> | 김상진 | 나영주 | 채진경 | 박일주 | 송나혜 |
> | 남미영 | 송진주 | 이기동 | 임창주 | 이종하 |
> | 백승일 | 하민영 | 박종철 | 강철민 | 고대진 |

① 남녀 구분한 후 명칭별로 정리하여 색인 카드가 필요하다.

② 지역별로 분류한 다음에 명칭별로 구분하여 장소에 따른 문서의 집합이 가능하다.

③ 명칭별 분류에 따라 정리하여 색인이 불필요하다.

④ 주민등록번호별 정리방법을 이용하여 회원의 보안성을 유지하도록 한다.

⑤ 가입한 날짜순으로 정리하여 회원별 가입기간의 확인이 가능하다.

30. 직업이 각기 다른 A, B, C, D 네 사람이 여행을 떠나기 위해 기차의 한 차 안에 앉아 있다. 네 사람은 모두 색깔이 다른 옷을 입었고 두 사람씩 얼굴을 마주하고 앉아 있다. 그 중 두 사람은 창문 쪽에, 나머지 두 사람은 통로 쪽에 앉아 있으며 다음과 같은 사실들을 알고 있다. 다음에서 이 모임의 회장과 부회장의 직업을 순서대로 바르게 짝지은 것은?

> (ㄱ) 경찰은 B의 왼쪽에 앉아 있다.
> (ㄴ) A는 파란색 옷을 입고 있다.
> (ㄷ) 검은색 옷을 입고 있는 사람은 의사의 오른쪽에 앉아 있다.
> (ㄹ) D의 맞은편에 외교관이 앉아 있다.
> (ㅁ) 선생님은 초록색 옷을 입고 있다.
> (ㅂ) 경찰은 창가에 앉아 있다.
> (ㅅ) 갈색 옷을 입은 사람이 모임 회장이며, 파란색 옷을 입은 사람이 부회장이다.
> (ㅇ) C와 D는 서로 마주보고 앉아있다.

① 회장 - 의사   부회장 - 외교관

② 회장 - 의사   부회장 - 경찰

③ 회장 - 경찰   부회장 - 의사

④ 회장 - 외교관   부회장 - 선생님

⑤ 회장 - 외교관   부회장 - 의사

31. 민희는 ㈜□□의 입사 5년차 대리이다. 회사에서 직원들과 함께 서울–강릉 KTX를 이용해 워크숍 장소에 도착했다. 잠시 일정을 체크하던 중 민희는 휴대폰 날씨를 검색하게 되었다. 현재 민희가 보고 있는 휴대폰 날씨 정보에 대한 검색 내용을 기반으로 서술된 내용 중 가장 바르지 않은 것을 고르면? (워크숍 일정 : 5/28~5/30일, 워크숍 장소 도착시간 : 5월 28일 오후 3시 기준)

① 민희는 현재 휴대폰 날씨를 시간별 예보로 설정해서 보고 있다.

② 민희가 날씨 정보를 검색하고 있는 현재 시간의 온도는 26.4℃이며 맑은 상태를 보이고 있다.

③ 워크숍 첫날인 28일 밤 9시에는 폭설이 예상된다.

④ 민희가 날씨 정보를 검색하고 있는 현재 상태에서 비가 내리지 않음을 알 수 있다.

⑤ 현재 제시된 화면에서는 워크숍 마지막 날의 날씨는 알 수 없다.

▌32~33▐ 다음 사례를 읽고 물음에 답하시오.

NS그룹의 오대리는 상사로부터 스마트폰 신상품에 대한 기획안을 제출하라는 업무를 받았다. 이에 오대리는 먼저 기획안을 작성하기 위해 필요한 정보가 무엇인지 생각을 하였는데 이번에 개발하고자 하는 신상품이 노년층을 주 고객층으로 한 실용적이면서도 조작이 간편한 제품이기 때문에 우선 50~60대의 취향을 파악할 필요가 있었다. 따라서 오대리는 50~60대 고객들이 현재 사용하고 있는 스마트폰의 모델과 좋아하는 디자인, 사용하면서 불편해 하는 사항, 지불 가능한 액수 등에 대한 정보가 필요함을 깨달았고 이러한 정보는 사내에 저장된 고객정보를 통해 얻을 수 있음을 인식하였다. 오대리는 다음 주까지 기획안을 작성하여 제출해야 하기 때문에 이번 주에 모든 정보를 수집하기로 마음먹었고 기획안 작성을 위해서는 방대한 고객정보 중에서도 특히 노년층에 대한 정보만 선별할 필요가 있었다. 이렇게 사내에 저장된 고객정보를 이용할 경우 따로 정보수집으로 인한 비용이 들지 않는다는 사실도 오대리에게는 장점으로 작용하였다. 여기까지 생각이 미치자 오대리는 고객정보를 얻기 위해 고객센터에 근무하는 조대리에게 관련 자료를 요청하였고 가급적 연령에 따라 분류해 줄 것을 당부하였다.

32. 다음 중 오대리가 수집하고자 하는 고객정보 중에서 반드시 포함되어야 할 사항으로 옳지 않은 것은?

① 연령　　　　　　　　② 사용하고 있는 모델

③ 거주지　　　　　　　④ 사용 시 불편사항

⑤ 좋아하는 디자인

33. 다음 보기의 사항들 중 위 사례에 포함된 사항은 모두 몇 개인가?

〈보기〉
* WHAT(무엇을?)
* WHERE(어디에서?)
* WHEN(언제까지?)
* WHY(왜?)
* WHO(누가?)
* HOW(어떻게?)
* HOW MUCH(얼마나?)

① 1개　　　　　　　　② 3개

③ 5개　　　　　　　　④ 6개

⑤ 7개

34. 다음은 어느 자격증 시험의 점수를 나타낸 엑셀 표이다. 다음을 합계점수가 높은 순으로 5명씩 10명만 인쇄하려고 한다. 다음 중 옳지 않은 것은? (단, 2행의 내용은 두 페이지 모두에 나오게 해야 한다)

접수코드	성명	성별	필기	실기	합계
OP007K	강경식	남	65	43	108
OP011S	강현수	남	100	97	197
OP009S	이대욱	남	80	55	135
OP004S	김애란	여	55	70	125
OP005K	노소연	여	67	50	117
OP016K	마은성	여	70	62	132
OP001S	마창진	남	42	70	112
OP013S	민병철	남	70	65	135
OP010K	정영진	여	46	23	69
OP020S	서예희	여	70	72	142
OP008S	신민경	여	60	57	117
OP002K	유영철	남	43	100	143
OP017S	이성화	여	69	52	121
OP018S	이영애	여	72	84	156
OP003K	이한일	남	57	60	117
OP014K	임홍삼	남	100	86	186
OP019K	정보진	남	90	88	178
OP012S	최한기	남	50	63	113
OP015K	황규하	남	60	80	140
OP006K	황길호	남	35	42	77

① G열 텍스트 오름차순 정렬

② 페이지 설정 〉 [시트]탭 〉 반복할 행 "$2:$2"

③ 7, 8행 사이에 페이지 나누기 삽입

④ 페이지 설정 〉 [시트]탭 〉 인쇄영역 "B2:G12"

⑤ 모두 옳음

┃35~36┃ 다음은 H사의 물품 재고 창고에 적재되어 있는 제품 보관 코드 체계이다. 다음 표를 보고 이어지는 질문에 답하시오.

생산 연월	공급처				제품 분류			입고량
	원산지 코드		제조사 코드	용품 코드		제품별 코드		
• 1209 -2012년 9월 • 1011 -2010년 11월	1	중국	A All-8	01	캐주얼	001	청바지	00001 부터 5자리 시리얼 넘버 부여
			B 2 Stars			002	셔츠	
			C Facai		여성	003	원피스	
	2	베트남	D Nuyen	02		004	바지	
			E N-sky			005	니트	
	3	멕시코	F Bratos		남성	006	블라우스	
			G Fama	03		007	점퍼	
	4	한국	H 혁진사			008	카디건	
			I K상사			009	모자	
			J 영스타		아웃도어	010	용품	
	5	일본	K 왈러스	04		011	신발	
			L 토카이			012	래시가드	
			M 히스모		베이비	013	내복	
	6	호주	N 오즈본	05		014	바지	
			O Island		반려동물	015	사료	
	7	독일	P Kunhe	06		016	간식	
			Q Boyer			017	장난감	

〈예시〉

2010년 12월에 중국 '2 Stars'에서 생산된 아웃도어 신발의 15번째 입고 제품 코드

→ 1012 – 1B – 04011 – 00015

35. 2011년 10월에 생산된 '왈러스'의 여성용 블라우스로 10,215번째 입고된 제품의 코드로 알맞은 것은?

① 1010 – 5K – 02006 – 00215

② 1110 – 5K – 02060 – 10215

③ 1110 – 5K – 02006 – 10215

④ 1110 – 5L – 02005 – 10215

⑤ 1111 – 5K – 02006 – 10215

36. 제품 코드 0810 – 3G – 04011 – 00910에 대한 설명으로 옳지 않은 것은?

① 해당 제품의 입고 수량은 적어도 910개 이상이다.

② 중남미에서 생산된 제품이다.

③ 여름에 생산된 제품이다.

④ 캐주얼 제품이 아니다.

⑤ 신발이다.

▌37~38▐ S정보통신에 입사한 당신은 시스템 모니터링 업무를 담당하게 되었다. 다음의 시스템 매뉴얼을 확인한 후 제시된 상황에서 적절한 입력코드를 고르시오.

〈S정보통신 시스템 매뉴얼〉

❏ 항목 및 세부사항

항목	세부사항
Index@@ of Folder@@	• 오류 문자 : Index 뒤에 나타나는 문자 • 오류 발생 위치 : Folder 뒤에 나타나는 문자
Error Value	• 오류 문자와 오류 발생 위치를 의미하는 문자에 사용된 알파벳을 비교하여 오류 문자 중 오류 발생 위치의 문자와 일치하지 않는 알파벳의 개수 확인
Final Code	• Error Value를 통하여 시스템 상태 판단

❏ 판단 기준 및 처리코드(Final Code)

판단 기준	처리코드
일치하지 않는 알파벳의 개수 = 0	Qfgkdn
0 < 일치하지 않는 알파벳의 개수 ≤ 3	Wxmt
3 < 일치하지 않는 알파벳의 개수 ≤ 5	Atnih
5 < 일치하지 않는 알파벳의 개수 ≤ 7	Olyuz
7 < 일치하지 않는 알파벳의 개수 ≤ 10	Cenghk

37.

```
System is processing requests...
System Code is X.
Run...


Error Found!
Index GHWDYC of Folder APPCOMPAT


Final Code? _____
```

① Qfgkdn   ② Wxmt

③ Atnih   ④ Olyuz

⑤ Cenghk

38.

```
System is processing requests...
System Code is X.
Run...


Error Found!
Index UGCTGHWT of Folder GLOBALIZATION


Final Code? _____
```

① Qfgkdn   ② Wxmt

③ Atnih   ④ Olyuz

⑤ Cenghk

39. 다음의 알고리즘에서 인쇄되는 S는?

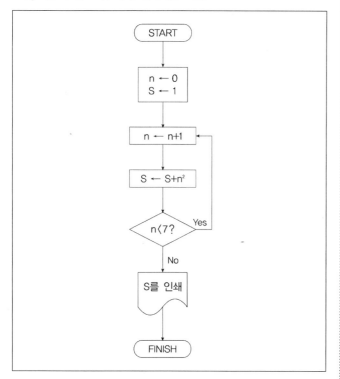

① 137 ② 139
③ 141 ④ 143
⑤ 145

40. 지민 씨는 회사 전화번호부를 1대의 핸드폰에 저장하였다. 핸드폰 전화번호부에서 검색을 했을 때 나타나는 결과로 옳은 것은? ('6'을 누르면 '5468', '7846' 등이 뜨고 'ㅌ'을 누르면 '전태승' 등이 뜬다.)

구분	이름	번호
총무팀	이서경	0254685554
마케팅팀	김민종	0514954554
인사팀	최찬웅	0324457846
재무팀	심빈우	0319485575
영업팀	민하린	01054892464
해외사업팀	김혜서	01099843232
전산팀	전태승	01078954654

① 'ㅎ'을 누르면 4명이 뜬다.
② '32'를 누르면 2명이 뜬다.
③ '55'를 누르면 2명이 뜬다.
④ 'ㅂ'을 누르면 아무도 나오지 않는다.
⑤ 'ㅅ'을 누르면 과반수 이하의 인원이 뜬다.

41. 신입사원 교육을 받으러 온 직원들에게 나눠준 조직도를 보고 사원들이 나눈 대화이다. 다음 중 조직도를 올바르게 이해한 사원을 모두 고른 것은?

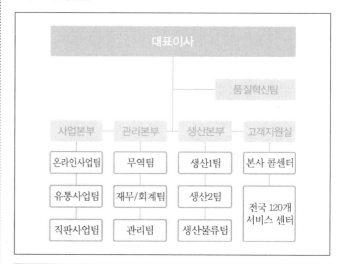

A : 조직도를 보면 본사는 3개 본부, 1개 지원실, 콜센터를 포함한 총 10개 팀으로 구성되어 있군.
B : 그런데 품질혁신팀은 따로 본부에 소속되어 있지 않고 대표이사님 직속으로 소속되어 있네.
C : 전국의 서비스센터는 고객지원실에서 관리해.

① A ② B
③ A, C ④ B, C
⑤ A, B, C

42. 다음에 주어진 조직의 특성 중 유기적 조직에 대한 설명을 모두 고른 것은?

㉠ 구성원들의 업무가 분명하게 규정되어 있다.
㉡ 급변하는 환경에 적합하다.
㉢ 비공식적인 상호의사소통이 원활하게 이루어진다.
㉣ 엄격한 상하 간의 위계질서가 존재한다.
㉤ 많은 규칙과 규정이 존재한다.

① ㉠㉢ ② ㉡㉢
③ ㉡㉤ ④ ㉢㉣
⑤ ㉣㉤

43. 다음의 내용을 보고 밑줄 친 부분에 대한 특성으로 옳지 않은 것은?

> 롯데홈쇼핑은 14일 서울 양평동 본사에서 한국투명성기구와 '윤리경영 세미나'를 개최했다고 15일 밝혔다. 롯데홈쇼핑은 지난 8월 국내 민간기업 최초로 한국투명성기구와 '청렴경영 협약'을 맺고 롯데홈쇼핑의 반부패 청렴 시스템 구축, 청렴도 향상·윤리경영 문화 정착을 위한 교육, 경영 투명성과 윤리성 확보를 위한 활동 등을 함께 추진하기도 했다.
>
> 이번 '윤리강령 세미나'에서는 문형구 고려대학교 경영학과 교수가 '윤리경영의 원칙과 필요성'을, 강성구 한국투명성기구 상임정책위원이 '사례를 통해 본 윤리경영의 방향'을 주제로 강의를 진행했다. 문형구 교수는 <u>윤리경영</u>을 통해 혁신이 이뤄지고 기업의 재무성과가 높아진 실제 연구사례를 들며 윤리경영의 필요성에 대해 강조했으며, "롯데홈쇼핑이 잘못된 관행을 타파하고 올바르게 사업을 진행해 나가 윤리적으로 모범이 되는 기업으로 거듭나길 바란다"고 말했다. 또 강성구 상임정책위원은 윤리적인 기업으로 꼽히는 '존슨 앤 존슨'과 '유한킴벌리'의 경영 사례를 자세히 설명하고 "윤리경영을 위해 기업의 운영과정을 투명하게 공개하는 것이 중요하다"고 강조했다. 강연을 마친 후에는 개인 비리를 막을 수 있는 조직의 대응방안 등 윤리적인 기업으로 거듭나는 방법에 대한 질의응답이 이어졌다. 임삼진 롯데홈쇼핑 CSR동반성장위원장은 "투명하고 공정한 기업으로 거듭나기 위한 방법에 대해 늘 고민하고 있다"며, "강연을 통해 얻은 내용들을 내부적으로 잘 반영해 진정성 있는 변화의 모습을 보여 드리겠다"고 말했다.

① 윤리경영은 경영상의 관리지침이다.
② 윤리경영은 경영활동의 규범을 제시해 준다.
③ 윤리경영은 응용윤리이다.
④ 윤리경영은 경영의사결정의 도덕적 가치기준이다.
⑤ 윤리경영은 법적 강제성이 약하다.

| 44~46 | 다음은 L기업의 회의록이다. 다음을 보고 물음에 답하시오.

〈회의록〉			
일시	2015. 00. 00 10:00~12:00	장소	7층 소회의실
참석자	영업본부장, 영업1부장, 영업2부장, 기획개발부장 불참자(1명) : 영업3부장(해외출장)		
회의제목	고객 관리 및 영업 관리 체계 개선 방안 모색		
의안	고객 관리 체계 개선 방법 및 영업 관리 대책 모색 – 고객 관리 체계 확립을 위한 개선 및 A/S 고객의 만족도 증진방안 – 자사 영업직원의 적극적인 영업활동을 위한 개선방안		
토의 내용	㉠ 효율적인 고객관리 체계의 개선 방법 • 고객 관리를 위한 시스템 정비 및 고객관리 업무 전담 직원 증원이 필요(영업2부장) • 영업부와 기획개발부 간의 지속적인 제품 개선 방안 협의 건의(기획개발부장) • 영업 조직 체계를 제품별이 아닌 기업별 담당제로 전환(영업1부장) • 고객 정보를 부장차원에서 통합관리(영업2부장) • 각 부서의 영업직원의 고객 방문 스케줄 공유로 방문처 중복을 방지(영업1부장) ㉡ 자사 영업직원의 적극적인 영업활동을 위한 개선방안 • 영업직원의 영업능력을 향상시키기 위한 교육 프로그램 운영(영업본부장)		
협의사항	㉠ IT본부와 고객 리스트 관리 프로그램 교체를 논의해보기로 함 ㉡ 인사과와 협의하여 추가 영업 사무를 처리하는 전담 직원을 채용할 예정임 ㉢ 인사과와 협의하여 연 2회 교육 세미나를 실시함으로 영업교육과 프레젠테이션 기술 교육을 받을 수 있도록 함 ㉣ 기획개발부와 협의하여 제품에 대한 자세한 이해와 매뉴얼 숙지를 위해 신제품 출시에 맞춰 영업직원을 위한 설명회를 열도록 함 ㉤ 기획개발부와 협의하여 주기적인 회의를 갖도록 함 ㉥ 재무과와 고객 리스트 관리 프로그램 교체에 소요되는 비용에 대해 협의 예정		

44. 다음 중 본 회의록으로 이해할 수 있는 내용이 아닌 것은?

① 회의 참석 대상자는 총 5명이었다.

② 영업본부의 업무 개선을 위한 회의이다.

③ 교육 세미나의 강사는 인사과의 담당직원이다.

④ 영업1부와 2부의 스케줄 공유가 필요하다.

⑤ 영업직원을 대상으로 신제품 설명회를 열 예정이다.

45. 다음 중 회의 후에 영업부가 협의해야 할 부서가 아닌 것은?

① IT본부   ② 인사과

③ 기획개발부 ④ 비서실

⑤ 재무과

46. 회의록을 보고 영업부 교육 세미나에 대해 알 수 있는 내용이 아닌 것은?

① 교육내용   ② 교육일시

③ 교육횟수   ④ 교육목적

⑤ 협의부서

47. 고객 서비스에 대한 설명으로 옳지 않은 것은?

① 고객에게 제공하고자 하는 서비스의 내용을 소개하고 소비를 촉진시키기 위해 사전에 잠재 고객들과 상담 등을 통해 예약을 받는 등 의견조절을 하고, 방문고객을 위해 사전에 상품을 진열하는 등의 준비하는 단계의 서비스는 사전서비스에 해당한다.

② 서비스의 특성상 생산과 소비가 동시에 발생하므로 현장서비스가 종료되면 그 후에는 아무 일도 없던 것처럼 보이지만, 실제로는 고객유지를 위해 사후 서비스도 매우 중요하다.

③ 현장서비스는 서비스가 고객과 제공자의 상호거래에 의해 진행되는 단계로 서비스의 본질 부분이라 할 수 있다.

④ 주차유도원서비스, 상품게시판 예약서비스는 현장서비스에 해당한다.

⑤ 생산 중단 제품의 소모품 판매 유지, 무상수리 기간 연장 등은 사후서비스에 해당한다.

48. 다음 중 아래의 표와 연관되는 내용으로 보기 어려운 것은?

직무번호		직무명		소속	
직군		직종		등급	
직무개요					

▲ 수행요건

일반요건	남녀별적성		최적연령범위	
	기초학력		특수자격	
	전공계열		전공학과	
	필요숙련기간		전환/가능부서/직무	
	기타			
소요능력	지식	종류	세부내용 및 소요정도	
	학술적 지식			
	실무적 지식			

① 주로 인적요건에 초점을 두고 있다.

② 통상적으로 기업 조직에서 업무를 세분화 및 구체화해서 구성원들의 능력에 따른 업무 범위를 적절히 설정하기 위해 사용된다.

③ 기업 내 생산성을 높이기 위한 수단으로 사용된다.

④ 구성원들의 직무분석의 결과를 토대로 만들어진 것이다.

⑤ 직무의 수행과 관련한 과업 및 직무행동 등을 일정한 양식에 따라 기술한 문서이다.

49. 다음은 A기업 각 팀 직원들의 한 주 동안 휴대전화 사용 시간을 조사한 표이다. 각 팀의 직원 수가 모두 같을 때, 이 표에 대한 설명으로 옳은 것을 〈보기〉에서 모두 고른 것은?

(단위 : 시간)

구분	총무팀	기획팀	영업팀	홍보팀	재무팀
평균	12	9	12	10	11
표준편차	2.6	2.1	3.3	3.7	1.8

〈보기〉
㉠ 홍보팀의 분산이 가장 크다.
㉡ 휴대전화 평균 사용 시간이 가장 적은 팀은 재무팀이다.
㉢ 총무팀과 영업팀의 휴대전화 사용 시간의 총합이 서로 같다.
㉣ 휴대전화 사용 시간이 평균에 가장 가까이 몰려 있는 팀은 기획팀이다.

① ㉠
② ㉠, ㉢
③ ㉡, ㉢
④ ㉡, ㉣
⑤ ㉠, ㉡, ㉢

50. A기업 기획팀에서는 새로운 프로젝트를 추진하면서 업무추진력이 높은 직원은 프로젝트의 팀장으로 발탁하려고 한다. 성취행동 경향성이 높은 사람을 업무추진력이 높은 사람으로 규정할 때, 아래의 정의를 활용해서 〈보기〉의 직원들을 업무추진력이 높은 사람부터 순서대로 바르게 나열한 것은?

성취행동 경향성(TACH)의 강도는 성공추구 경향성(Ts)에서 실패회피 경향성(Tf)을 뺀 점수로 계산할 수 있다(TACH = Ts − Tf). 성공추구 경향성에는 성취동기(Ms)라는 잠재적 에너지의 수준이 영향을 준다. 왜냐하면 성취동기는 성과가 우수하다고 평가받고 싶어 하는 것으로 어떤 사람의 포부수준, 노력 및 끈기를 결정하기 때문이다. 어떤 업무에 대해서 사람들이 제각기 다양한 방식으로 행동하는 것은 성취동기가 다른 데도 원인이 있지만, 개인이 처한 환경요인이 서로 다르기 때문이기도 하다. 이 환경요인은 성공기대확률(Ps)과 성공결과의 가치(Ins)로 이루어진다. 즉 성공추구 경향성은 이 세 요소의 곱으로 결정된다(Ts = Ms × Ps × Ins).

한편 실패회피 경향성은 실패회피동기, 실패기대확률 그리고 실패결과의 가치의 곱으로 결정된다. 이때 성공기대확률과 실패기대확률의 합은 1이며, 성공결과의 가치와 실패결과의 가치의 합도 1이다.

〈보기〉
• A는 성취동기가 3이고, 실패회피동기가 1이다. 그는 국제환경협약에 대비한 공장건설환경규제안을 만들었는데, 이 규제안의 실현가능성을 0.7로 보며, 규제안이 실행될 때의 가치를 0.2로 보았다.
• B는 성취동기가 2이고, 실패회피동기가 1이다. 그는 도시고속화도로 건설안을 기획하였는데, 이 기획안의 실패가능성을 0.7로 보며, 도로건설사업이 실패하면 0.3의 가치를 갖는다고 보았다.
• C는 성취동기가 3이고, 실패회피동기가 2이다. 그는 △△지역의 도심재개발계획을 주도하였는데, 이 계획의 실현가능성을 0.4로 보며, 재개발사업이 실패하는 경우의 가치를 0.3으로 보았다.

① A, B, C
② B, A, C
③ B, C, A
④ C, B, A
⑤ C, A, B

건강보험
심사평가원

직업기초능력평가 모의고사

[행정직/심사직]

제 3 회	영 역	의사소통능력, 문제해결능력, 정보능력, 조직이해능력
	문항수	50문항
	시 간	60분
	비 고	객관식 5지선다형

SEOWONGAK
(주)서원각

1. 원고 甲은 피고 乙을 상대로 대여금반환청구의 소를 제기하였다. 이후 절차에서 甲은 丙을, 乙은 丁을 각각 증인으로 신청하였으며 해당 재판부(재판장 A, 합의부원 B와 C)는 丙과 丁을 모두 증인으로 채택하였다. 다음 내용을 바탕으로 옳은 것은?

> 제1조
> ① 증인신문은 증인을 신청한 당사자가 먼저 하고, 다음에 다른 당사자가 한다.
> ② 재판장은 제1항의 신문이 끝난 뒤에 신문할 수 있다.
> ③ 재판장은 제1항과 제2항의 규정에 불구하고 언제든지 신문할 수 있다.
> ④ 재판장은 당사자의 의견을 들어 제1항과 제2항의 규정에 따른 신문의 순서를 바꿀 수 있다.
> ⑤ 당사자의 신문이 중복되거나 쟁점과 관계가 없는 때, 그 밖에 필요한 사정이 있는 때에 재판장은 당사자의 신문을 제한할 수 있다.
> ⑥ 합의부원은 재판장에게 알리고 신문할 수 있다.
> 제2조
> ① 증인은 따로따로 신문하여야 한다.
> ② 신문하지 않은 증인이 법정 안에 있을 때에는 법정에서 나가도록 명하여야 한다. 다만 필요하다고 인정한 때에는 신문할 증인을 법정 안에 머무르게 할 수 있다.
> 제3조 재판장은 필요하다고 인정한 때에는 증인 서로의 대질을 명할 수 있다.
> 제4조 증인은 서류에 의하여 진술하지 못한다. 다만 재판장이 허가하면 그러하지 아니하다.
> ※ 당사자 : 원고, 피고를 가리킨다.

① 丙을 신문할 때 A는 乙보다 먼저 신문할 수 없다.

② 甲의 丙에 대한 신문이 쟁점과 관계가 없는 때, A는 甲의 신문을 제한할 수 있다.

③ A가 丁에 대한 신문을 乙보다 甲이 먼저 하게 하려면, B와 C의 의견을 들어야 한다.

④ 丙과 丁을 따로따로 신문해야 하는 것이 원칙이지만, B는 필요하다고 인정한 때 丙과 丁의 대질을 명할 수 있다.

⑤ 丙이 질병으로 인해 서류에 의해 진술하려는 경우 A의 허가를 요하지 않는다.

2. 다음은 비정규직 노동자와 정규직 노동자 간의 임금 격차에 대한 직원 A와 B의 주장을 정리한 것이다. 두 사람에 대한 판단으로 적절하지 않은 것은?

> A : 차별적 관행을 고수하는 기업들은 비차별적 기업들과의 경쟁에서 자연적으로 도태되기 때문에 기업 간 경쟁이 임금차별 완화의 핵심이라고 생각합니다. 기업이 노동자 개인의 능력 이외에 다른 잣대를 바탕으로 차별하는 행위는 비합리적이기 때문에, 기업들 사이의 경쟁이 강화될수록 임금차별은 자연스럽게 줄어들 수밖에 없을 것입니다. 예를 들어 정규직과 비정규직 가릴 것 없이 오직 능력에 비례하여 임금을 결정하는 회사는 정규직 또는 비정규직이라는 이유만으로 무능한 직원들을 임금 면에서 우대하고 유능한 직원들을 홀대하는 회사보다 경쟁에서 앞서나갈 것입니다.
> B : A분의 주장과 다르게 실제로는 고용주들이 비정규직을 차별한다고 해서 기업 간 경쟁에서 불리해지지 않습니다. 고용주들은 오직 사회적 비용이라는 추가적 장애물의 위협에 직면했을 때에만 정규직과 비정규직 사이의 임금차별 관행을 근본적으로 재고합니다. 여기서 제가 말하는 사회적 비용이란, 국가가 제정한 법과 제도를 수용하지 않음으로써 조직의 정당성이 낮아지는 것입니다. 기업의 경우엔 조직의 정당성이 낮아지게 되면 조직의 생존 가능성 역시 낮아지게 되므로, 기업은 임금차별을 줄이는 강제적 제도를 수용함으로써 사회적 비용을 낮추는 선택을 하게 될 것입니다. 따라서 법과 제도에 의한 규제를 통해 임금차별을 줄일 수 있을 것입니다.

① A에 따르면 경쟁이 치열한 산업군일수록 근로형태에 따른 임금 격차는 더 적어진다.

② A는 시장에서 기업 간 경쟁이 약화되는 것을 방지하기 위한 보완 정책이 수립되어야 한다고 본다.

③ A는 정규직과 비정규직 사이의 임금차별이 어떻게 줄어드는가에 대해 B와 견해를 달리한다.

④ B는 기업이 자기 조직의 생존 가능성을 낮춰가면서까지 임금차별 관행을 고수하지는 않을 것이라고 전제한다.

⑤ B에 따르면 다른 조건이 동일할 때 기업의 비정규직에 대한 임금차별은 주로 강제적 규제에 의해 시정될 수 있다.

3. 다음은 A 에어컨 업체에서 신입사원들을 대상으로 진행한 강의의 일부분이다. '가을 전도' 현상에 대한 이해도를 높이기 위해 추가 자료를 제작하였다고 할 때, 바른 것은?

호수의 물은 깊이에 따라 달라지는 온도 분포를 기준으로 세 층으로 나뉘는데, 상층부부터 표층, 중층, 그리고 가장 아래 부분인 심층이 그것입니다. 사계절이 뚜렷한 우리나라 같은 온대 지역의 깊은 호수에서는 계절에 따라 물의 상하 이동이 다른 양상을 보입니다.

여름에는 대기의 온도가 높기 때문에 표층수의 온도도 높습니다. 중층수나 심층수의 온도가 표층수보다 낮고 밀도가 상대적으로 높기 때문에 표층수의 하강으로 인한 중층수나 심층수의 이동은 일어나지 않습니다.

그런데 가을이 되면 대기의 온도가 떨어지면서 표층수의 온도가 낮아집니다. 그래서 물이 최대 밀도가 되는 4℃에 가까워지면, 약한 바람에도 표층수가 아래쪽으로 가라앉으면서 상대적으로 밀도가 낮은 아래쪽의 물이 위쪽으로 올라오게 됩니다. 이런 현상을 '가을 전도'라고 부릅니다.

겨울에는 여름과 반대로 표층수의 온도가 중층수나 심층수보다 낮지만 밀도는 중층수와 심층수가 더 높기 때문에 여름철과 마찬가지로 물의 전도 현상이 일어나지 않습니다. 그러나 봄이 오면서 얼음이 녹고 표층수의 온도가 4℃까지 오르게 되면 물의 전도 현상을 다시 관찰할 수 있습니다. 이것을 '봄 전도'라고 부릅니다.

이러한 봄과 가을의 전도 현상을 통해 호수의 물이 순환하게 됩니다.

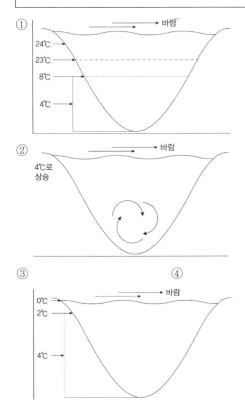

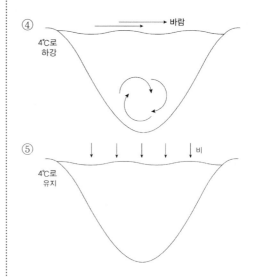

┃4~6┃ 다음 글을 읽고 물음에 답하시오.

㉮ 일상생활이 너무나 피곤하고 고단할 때, 힘든 일에 지쳐 젖은 솜처럼 몸이 무겁고 눈이 빨갛게 충혈 됐을 때, 단잠처럼 달콤한 게 또 있을까? 우리는 하루 평균 7~8시간을 잔다. 하루의 3분의 1을 잠을 자는 데 쓰는 것이다. 어찌 생각하면 참 아까운 시간이다. 잠을 자지 않고 그 시간에 열심히 일을 해서 돈을 번다면 부자가 되지 않을까? 여기서 잠시 A라는 학생의 생활을 살펴보자.

㉯ A는 잠자는 시간이 너무 아깝다. 그래서 잠을 안자고 열심히 공부하기로 작정한다. A에게 하루쯤 밤을 새는 것은 흔한 일이다. 졸리고 피곤하긴 하지만, 그런대로 학교생활을 해 나갈 수 있다. 하지만, 하루가 지나고 이틀이 지나니 그 증상이 훨씬 심해진다. 눈은 ㉠뻑뻑하고 눈꺼풀은 천 근처럼 무겁다. 옆에서 누가 소리를 지르지 않으면 금방 잠에 빠져 버리고 만다. A는 잠을 자지 않기 위해서 쉴 새 없이 움직인다. 하지만, 너무 졸려서 도저히 공부를 할 수가 없다. 결국 A는 모든 것을 포기하고 깊은 잠에 빠져 버리고 만다.

㉰ 만일, 누군가가 강제로 A를 하루나 이틀 더 못 자게 한다면 어떻게 될까? A는 자기가 있는 곳이 어디인지, 또 자기가 무슨 일을 하러 여기에 와 있는지조차 가물가물할 것이다. 앞에 앉은 사람의 얼굴도 잘 몰라보고 이상한 물체가 보인다고 횡설수설할지도 모른다. 수면 ㉡박탈은 예로부터 ㉢중죄인을 고문하는 방법으로 이용될 정도로 견디기 어려운 것이었다.

㉱ A가 이처럼 잠을 못 잤다면 부족한 잠을 고스란히 보충해야 할까? 그렇지는 않다. 예를 들어, 매일 8시간씩 자던 사람이 어느 날 5시간밖에 못 잤다고 해서 3시간을 더 잘 필요는 없다. 우리 몸은 그렇게 계산적이지 않다. 어쩌면 A가 진짜 부러워해야 할 사람은 나폴레옹이나 에디슨일지도 모른다. 이 두 사람은 역사상 밤잠 안 자는 사람으로 유명했다. 하지만, 이들은 진짜 잠을 안 잔 것이 아니라, 효과적으로 수면을 취했던 것이다. 나폴레옹은 말안장 위

에서도 잠을 잤고, ㉣워틸루 전투에서도 틈틈이 낮잠을 즐겼다고 한다. 에디슨도 마찬가지였다. 에디슨의 친구 한 사람은 "그는 다른 사람에게 말을 거는 동안에도 잠 속에 빠지곤 했지."라고 말하였다.

㈎ 그러면 우리는 왜 잠을 잘까? 왜 인생의 3분의 1을 잠으로 보내야만 할까? 뒤집어 생각해 보면, 잠을 자고 있는 것이 우리의 정상적인 모습이고, 잠을 자지 않는 것은 여러 자극 때문에 어쩔 수 없이 깨어 있는 비정상적인 모습인지도 모른다. ㉤과연 잠을 자고 있을 때와 깨어 있을 때, 우리의 뇌에는 어떠한 일이 일어나고 있을까?

4. 주어진 글에서 A의 예를 통하여 글쓴이가 궁극적으로 말하고자 하는 바는?

① 잠을 많이 자야 건강을 유지할 수 있다.
② 잠을 안 자면 정상적인 생활을 할 수 없다.
③ 단잠은 지친 심신을 정상적으로 회복시킨다.
④ 잠을 덜 자기 위해서는 많은 고통을 겪어야 한다.
⑤ 잠은 많이 잘수록 건강에 도움이 된다.

5. ㈐에서 '나폴레옹'과 '에디슨'의 공통점으로 알맞은 것은?

① 불면증에 시달렸다.
② 효과적으로 수면을 취했다.
③ 일반인보다 유난히 잠이 많았다.
④ 꿈과 현실을 잘 구분하지 못했다.
⑤ 항상 바쁘게 생활했다.

6. ㉠~㉣ 중 사전(事典)을 찾아보아야 할 단어는?

① ㉠   ② ㉡
③ ㉢   ④ ㉣
⑤ ㉤

7. 다음 내용은 방송 대담의 한 장면이다. 이를 통해 알 수 있는 것은?

사회자 : '키워드로 알아보는 사회' 시간입니다. 의료 서비스 시장 개방이 눈앞의 현실로 다가오고 있습니다. 이와 관련하여 오늘은 먼저 의료 서비스 시장의 특성에 대해서 알아보겠습니다. 김 박사님 말씀해주시죠.

김 박사 : 일반적인 시장에서는 소비자가 선택할 수 있는 상품의 폭이 넓습니다. 목이 말라 사이다를 마시고 싶은데, 사이다가 없다면 대신 콜라를 마시는 식이지요. 하지만 의료 서비스 시장은 다릅니다. 의료 서비스 시장에서는 음료수를 고르듯 아무 병원이나, 아무 의사에게 갈 수는 없습니다.

사회자 : 의료 서비스는 일반 시장의 상품과 달리 쉽게 대체할 수 있는 상품이 아니라는 말씀이군요.

김 박사 : 예, 그렇습니다. 의료 서비스라는 상품은 한정되어 있다는 특성이 있습니다. 우선 일정한 자격을 가진 사람만 의료 행위를 할 수 있기 때문에 의사의 수는 적을 수밖에 없습니다. 의사의 수가 충분하더라도 소비자, 즉 환자가 만족할 만한 수준의 병원을 설립하는 데는 더 큰 비용이 들죠. 그래서 의사와 병원의 수는 의료 서비스를 받고자 하는 사람보다 항상 적을 수밖에 없습니다.

사회자 : 그래서 종합 병원에 항상 그렇게 많은 환자가 몰리는군요. 저도 종합 병원에 가서 진료를 받기 위해 오랜 시간을 기다린 적이 많습니다. 그런데 박사님…… 병원에 따라서는 환자에게 불필요한 검사까지 권하는 경우도 있다고 하던데요…….

김 박사 : 그것은 '정보의 비대칭성'이라는 의료 서비스 시장의 특성과 관련이 있습니다. 의료 지식은 매우 전문적이어서 환자들이 자신의 증상에 관한 정보를 얻기가 어렵습니다. 그래서 환자는 의료 서비스를 수동적으로 받아들일 수밖에 없습니다. 중고차 시장을 생각해 보시면 될 텐데요, 중고차를 사려는 사람이 중고차 판매자를 통해서만 차에 관한 정보를 얻을 수 있는 것과 마찬가지입니다.

사회자 : 중고차 판매자는 중고차의 좋지 않은 점을 숨길 수 있으니 정보가 판매자에게 집중되는 비대칭성을 나타낸다고 보면 될까요?

김 박사 : 맞습니다. 의료 서비스 시장도 중고차 시장과 마찬가지로 소비자의 선택에 불리한 구조로 이루어져 있습니다. 따라서 의료 서비스 시장을 개방하기 전에는 시장의 특수한 특성을 고려해 소비자가 피해보는 일이 없도록 많은 논의가 이루어져야 할 것입니다.

① 의료 서비스 수요자의 증가와 의료 서비스의 질은 비례한다.
② 의료 서비스 시장에서는 공급자 간의 경쟁이 과도하게 나타난다.
③ 의료 서비스 시장에서는 소비자의 의료 서비스 선택의 폭이 좁다.
④ 의료 서비스 공급자와 수요자 사이에는 정보의 대칭성이 존재한다.
⑤ 의료 서비스 시장 개방은 결과적으로 득보다 실이 많을 것이다.

8. 다음 공고를 보고 잘못 이해한 것을 고르면?

<신입사원 정규채용 공고>

분야	인원	응시자격	연령	비고
콘텐츠 기획	5	• 해당분야 유경험자(3년 이상) • 외국어 사이트 운영 경력자 우대 • 외국어(영어/일어) 전공자	제한 없음	정규직
제휴 마케팅	3	• 해당분야 유경험자(5년 이상) • 웹 프로모션 경력자 우대 • 콘텐츠산업(온라인) 지식 보유자	제한 없음	정규직
웹 디자인	2	• 응시제한 없음 • 웹디자인 유경험자 우대	제한 없음	정규직

<입사지원서 및 기타 구비서류>

(1) 접수방법
• 인터넷(www.seowon.co.kr)을 통해서만 접수(우편 이용 또는 방문접수 불가)
• 채용분야별 복수지원 불가

(2) 입사지원서 접수 시 유의사항
• 입사지원서는 인터넷 접수만 가능함
• 접수 마감일에는 지원자 폭주 및 서버의 네트워크 사정에 따라 접속이 불안정해 질 수 있으니 가급적 마감일 1~2일 전까지 입사지원서 작성바람
• 입사지원서를 작성하여 접수하고 수험번호가 부여된 후 재입력이나 수정은 채용 공고 종료일 18:00까지만 가능하오니, 기재내용 입력에 신중을 기하여 정확하게 입력하기 바람

(3) 구비서류 접수
• 접수방법 : 최종면접 전형 당일 시험장에서만 접수하며, 미제출자는 불합격 처리
－최종학력졸업증명서 1부
－자격증 사본 1부(해당자에 한함)

(4) 기타 사항
• 상기 모집분야에 대해 최종 전형결과 적격자가 없는 것으로 판단될 경우, 선발하지 아니할 수 있으며, 추후 입사지원서의 기재사항이나 제출서류가 허위로 판명될 경우 합격 또는 임용을 취소함
• 최종합격자라도 신체검사에서 불합격 판정을 받거나 당사 인사규정상 채용 결격사유가 발견될 경우 임용을 취소함
• 3개월 인턴 후 평가(70점 이상)에 따라 정식 고용 여부를 결정함

(5) 문의 및 접수처
• 기타 문의사항은 (주)서원 홈페이지(www.seowon.co.kr) 참고

① 우편 및 방문접수는 불가하며 입사지원은 인터넷 접수만 가능하다.
② 지원서 수정은 마감일 이후 불가능하다.
③ 최종합격자라도 신체검사에서 불합격 판정을 받으면 임용이 취소된다.
④ 3개월 인턴과정을 거치고 나면 별도의 제약 없이 정식 고용된다.
⑤ 자격증 사본은 해당자에 한해 제출한다.

9. 다음 업무일지를 바르게 이해하지 못한 것은?

[2017년 5월 4일 업무보고서]

편집팀 팀장 박서준

시간	내용	비고
09:00 ~10:00	편집팀 회의	－ 일주일 후 나올 신간 논의
10:00 ~12:00	통상업무	
12:00 ~13:00	점심식사	
13:00 ~14:30	릴레이 회의	－ 편집팀 인원충원에 관해 인사팀 김서현 대리에게 보고 － 디자인팀에 신간 표지디자인 샘플 부탁
14:30 ~16:00	협력업체 사장과 미팅	－ 내일 오전까지 인쇄물 400부 도착
16:00 ~18:00	서점 방문	－ 지난 시즌 발간한 서적 동향 파악

① 5월 11일 신간이 나올 예정이다.
② 편집팀은 현재 인력이 부족한 상황이다.
③ 저번 달에도 신간을 발간했다.
④ 내일 오전 인쇄물 400부가 배송될 예정이다.
⑤ 오후에 외부 일정이 있다.

10. 다음 중 올바른 태도로 의사소통을 하고 있지 않은 사람은?

① 종민 : 상대방이 이해하기 쉽게 표현한다.

② 찬연 : 상대방이 어떻게 받아들일 것인가를 고려한다.

③ 백희 : 정보의 전달에만 치중한다.

④ 세운 : 의사소통의 목적을 알고 의견을 나눈다.

⑤ 준현 : 비언어적인 표현을 적절히 활용한다.

요금제명	무료인터넷 용량	무료통화 용량	무료 부가서비스	가격
35요금제	1기가	40분	없음	30,000원
45요금제	2기가	60분	없음	40,000원
55요금제	3기가	120분	컬러링 월 1회	50,000원
65요금제	4기가	180분	컬러링 월 2회	60,000원
75요금제	5기가	360분	없음	70,000원

11. 다음의 상황에서 옳은 것은?

> 다음은 자동차 외판원 A, B, C, D, E, F의 판매실적에 대한 진술이다.
> • A는 B에게 실적에서 앞서 있다.
> • C는 D에게 실적에서 뒤졌다.
> • E는 F에게 실적에서 뒤졌지만, A에게는 실적에서 앞서 있다.
> • B는 D에게 실적에서 앞서 있지만, E에게는 실적에서 뒤졌다.

① 외판원 C의 실적은 꼴찌가 아니다.

② B의 실적보다 안 좋은 외판원은 3명이다.

③ 두 번째로 실적이 좋은 외판원은 B이다.

④ 실적이 가장 좋은 외판원은 F이다.

⑤ A보다 실적이 좋은 외판원은 3명이다.

12. K씨가 고객에게 가장 적합하다고 생각하는 요금제는 무엇인가?

① 35요금제　　　　② 45요금제

③ 55요금제　　　　④ 65요금제

⑤ 75요금제

13. 만약 동일한 조건에서 고객이 통화를 1달에 1시간 30분 정도 사용한다고 한다면 이 고객에게 가장 적합한 요금제는 무엇인가?

① 35요금제　　　　② 45요금제

③ 55요금제　　　　④ 65요금제

⑤ 75요금제

┃12~13┃ 다음 글을 읽고 물음에 답하시오.

> ○○통신회사 직원 K씨가 고객으로부터 걸려온 전화를 응대하고 있다. 고객은 K씨에게 가장 저렴한 통신비를 문의하고 있다.

> K씨 : 안녕하십니까? ○○텔레콤 K○○입니다. 무엇을 도와드릴까요?
> 고객 : 네. 저는 저에게 맞는 통신비를 추천받고자 합니다.
> K씨 : 고객님이 많이 사용하시는 부분이 무엇입니까?
> 고객 : 저는 통화는 별로 하지 않고 인터넷을 한 달에 평균 3기가 정도 사용합니다.
> K씨 : 아, 고객님은 인터넷을 많이 사용하시는군요. 그럼 인터넷 외에 다른 서비스는 필요하신 부분이 없으십니까?
> 고객 : 저는 매달 컬러링을 바꾸고 싶습니다.
> K씨 : 아 그럼 매달 3기가 이상의 인터넷과 무료 컬러링이 필요하신 것입니까?
> 고객 : 네. 그럼 될 것 같습니다.

14. A, B, C, D, E는 영업, 사무, 전산, 관리, 홍보의 일을 각각 맡아서 하기로 하였다. A는 영업과 사무 분야의 업무를 싫어하고, B는 관리 업무를 싫어하며, C는 영업 분야 일을 하고 싶어하고, D는 전산 분야 일을 하고 싶어하며, E는 관리와 사무 분야의 업무를 싫어한다. 인사부에서 각자의 선호에 따라 일을 시킬 때 옳게 짝지은 것은?

① A − 관리　　　　② B − 영업

③ C − 홍보　　　　④ D − 사무

⑤ D − 전산

15. 다음 글을 근거로 유추할 경우 옳은 내용만을 바르게 짝지은 것은?

> - 9명의 참가자는 1번부터 9번까지의 번호 중 하나를 부여 받고, 동시에 제비를 뽑아 3명은 범인, 6명은 시민이 된다.
> - '1번의 오른쪽은 2번, 2번의 오른쪽은 3번, …, 8번의 오른쪽은 9번, 9번의 오른쪽은 1번과 같이 번호 순서대로 동그랗게 앉는다.
> - 참가자는 본인과 바로 양 옆에 앉은 사람이 범인인지 시민인지 알 수 있다.
> - "옆에 범인이 있다."라는 말은 바로 양 옆에 앉은 2명 중 1명 혹은 2명이 범인이라는 뜻이다.
> - "옆에 범인이 없다."라는 말은 바로 양 옆에 앉은 2명 모두 범인이 아니라는 뜻이다.
> - 범인은 거짓말만 하고, 시민은 참말만 한다.

> ㉠ 1, 4, 6, 7, 8번의 진술이 "옆에 범인이 있다."이고, 2, 3, 5, 9번의 진술이 "옆에 범인이 없다."일 때, 8번이 시민임을 알면 범인들을 모두 찾아낼 수 있다.
> ㉡ 만약 모두가 "옆에 범인이 있다."라고 진술한 경우, 범인이 부여받은 번호의 조합은 (1, 4, 7) / (2, 5, 8) / (3, 6, 9) 3가지이다.
> ㉢ 한 명만이 "옆에 범인이 없다."라고 진술한 경우는 없다.

① ㉡
② ㉢
③ ㉠㉡
④ ㉠㉢
⑤ ㉠㉡㉢

16. 다음의 글을 읽고 김 씨가 의사소통능력을 향상시키기 위해 노력한 것은 무엇인가?

> 직장인 김 씨는 자주 동료들로부터 다른 사람들의 이야기를 흘려듣거나 금새 잊어버린다는 이야기를 많이 들어 어떤 일을 하더라도 늦거나 실수하는 경우가 많이 발생한다. 그리고 같은 일을 했음에도 불구하고 다른 직원들보다 남겨진 자료가 별로 없는 것을 알게 되었다. 그래서 김 씨는 항상 메모하고 기억하려는 노력을 하기로 결심하였다.
> 그 후 김 씨는 회의시간은 물론이고, 거래처 사람들을 만날 때, 공문서를 읽거나 책을 읽을 때에도 메모를 하려고 열심히 노력하였다. 모든 상황에서 메모를 하다보니 자신만의 방법을 터득하게 되어 자신만 알 수 있는 암호로 더욱 간단하고 신속하게 메모를 할 수 있게 되었다. 또한 메모한 내용을 각 주제별로 분리하여 자신만의 데이터베이스를 만들기에 이르렀다. 이후 갑자기 보고할 일이 생겨도 자신만의 데이터베이스를 이용하여 쉽게 처리를 할 수 있게 되며 일 잘하는 직원으로 불리게 되었다.

① 경청하기
② 메모하기
③ 따라하기
④ 검토하기
⑤ 고쳐쓰기

17. 다음 내용과 전투능력을 가진 생존자 현황을 근거로 판단할 경우 생존자들이 탈출할 수 있는 경우로 옳은 것은? (단, 다른 조건은 고려하지 않는다)

> - 좀비 바이러스에 의해 라쿤 시티에 거주하던 많은 사람들이 좀비가 되었다. 건물에 갇힌 생존자들은 동, 서, 남, 북 4개의 통로를 이용해 5명씩 탈출을 시도한다. 탈출은 통로를 통해서만 가능하며, 한 쪽 통로를 선택하면 되돌아올 수 없다.
> - 동쪽 통로에 11마리, 서쪽 통로에 7마리, 남쪽 통로에 11마리, 북쪽 통로에 9마리의 좀비들이 있다. 선택한 통로의 좀비를 모두 제거해야만 탈출할 수 있다.
> - 남쪽 통로의 경우, 통로 끝이 막혀 탈출을 할 수 없지만 팀에 폭파전문가가 있다면 다이너마이트를 사용하여 막힌 통로를 뚫고 탈출할 수 있다.
> - 전투란 생존자가 좀비를 제거하는 것을 의미하며 선택한 통로에서 일시에 이루어진다.
> - 전투능력은 정상인 건강상태에서 해당 생존자가 전투에서 제거하는 좀비의 수를 의미하며, 질병이나 부상상태인 사람은 그 능력이 50%로 줄어든다.
> - 전투력 강화에는 건강상태가 정상인 생존자들 중 1명에게만 사용할 수 있으며, 전투능력을 50% 향상시킨다. 사용 가능한 대상은 의사 혹은 의사의 팀 내 구성원이다.
> - 생존자의 직업은 다양하며, 아이와 노인은 전투능력과 보유품목이 없고 건강상태는 정상이다.

전투능력을 가진 생존자 현황

직업	인원	전투능력	건강상태	보유품목
경찰	1명	6	질병	–
헌터	1명	4	정상	–
의사	1명	2	정상	전투력 강화제 1개
사무라이	1명	8	정상	–
폭파전문가	1명	4	부상	다이너마이트

탈출 통로	팀 구성 인원
① 동쪽 통로	폭파전문가 - 사무라이 - 노인 3명
② 서쪽 통로	헌터 - 경찰 - 아이 2명 - 노인
③ 남쪽 통로	헌터 - 폭파전문가 - 아이 - 노인 2명
④ 북쪽 통로	경찰 - 의사 - 아이 2명 - 노인
⑤ 남쪽 통로	사무라이 - 폭파전문가 - 아이 2명 - 노인

18. 밑줄 친 단어의 쓰임이 옳은 것은?

① 가발을 쓰니 <u>실재</u> 나이보다 훨씬 젊게 보였다.

② 회사를 부실하게 <u>운용</u>한 책임을 지고 사장이 물러났다.

③ 심히 노력한 만큼 성적도 많이 <u>향상</u>됐으면 좋겠어요.

④ 인수위는 여의도에 사무실을 <u>임대</u>해서 사용하기로 했다.

⑤ 우리는 통일과 안정을 <u>지양</u>한다.

19. 다음 예문의 내용에 맞는 고사성어는?

> 구름이 해를 비추어 노을이 되고, 물줄기가 바위에 걸려 폭포를 만든다. 의탁하는 바가 다르고 보니 이름 또한 이에 따르게 된다. 이는 벗 사귀는 도리에 있어 유념해 둘 만한 것이다.

① 근묵자흑(近墨者黑)

② 단금지교(斷金之交)

③ 망운지정(望雲之情)

④ 상분지도(嘗糞之徒)

⑤ 운우지락(雲雨之樂)

20. 다음 내용을 바탕으로 하여 '정보화 사회'라는 말을 정의하는 글을 쓰려고 한다. 반드시 포함되어야 할 속성끼리 묶인 것은?

> '정보화 사회'라는 말을 '정보를 생산하여 주고받는 사회'라고 막연하게 생각하기 쉽다. 그러나 상품을 생산하여 수요 공급의 원칙에 따라 판매하고 소비하는 사회를 정보화 사회라고 하지 않는다. 이는 자급자족하는 사회를 정보화 사회라고 말하지 않는 것과 같다. 정보화 사회는 인간이 의도적으로 생산한 정보를 유통하여 경제가 발전하고 가치가 창조되게 하는 사회이다.

① 유동성, 인위성, 경제성

② 전달성, 인위성, 가치

③ 전달성, 생산성, 불변성

④ 전달성, 인위성, 불변성

⑤ 고정성, 천연성, 가치

21. 다음 글의 내용과 날씨를 근거로 판단할 경우 종아가 여행을 다녀온 시기로 가능한 것은?

> • 종아는 선박으로 '포항 → 울릉도 → 독도 → 울릉도 → 포항' 순으로 3박 4일의 여행을 다녀왔다.
> • '포항 → 울릉도' 선박은 매일 오전 10시, '울릉도 → 포항' 선박은 매일 오후 3시에 출발하며, 편도 운항에 3시간이 소요된다.
> • 울릉도에서 출발해 독도를 돌아보는 선박은 매주 화요일과 목요일 오전 8시에 출발하여 당일 오전 11시에 돌아온다.
> • 최대 파고가 3m 이상인 날은 모든 노선의 선박이 운항되지 않는다.
> • 종아는 매주 금요일에 술을 마시는데, 술을 마신 다음날은 멀미가 심해 선박을 탈 수 없다.
> • 이번 여행 중 종아는 울릉도에서 호박엿 만들기 체험을 했는데, 호박엿 만들기 체험은 매주 월·금요일 오후 6시에만 할 수 있다.

날씨

(㈜ : 최대 파고)

日	月	火	水	木	金	土
16	17	18	19	20	21	22
㈜ 1.0m	㈜ 1.4m	㈜ 3.2m	㈜ 2.7m	㈜ 2.8m	㈜ 3.7m	㈜ 2.0m
23	24	25	26	27	28	29
㈜ 0.7m	㈜ 3.3m	㈜ 2.8m	㈜ 2.7m	㈜ 0.5m	㈜ 3.7m	㈜ 3.3m

① 19일(水) ~ 22일(土)

② 20일(木) ~ 23일(日)

③ 23일(日) ~ 26일(水)

④ 25일(火) ~ 28일(金)

⑤ 26일(水) ~ 29일(土)

22. 다음 글을 읽고 잘못된 부분을 바르게 설명한 것은?

> 기획사 편집부에 근무하는 박 대리는 중요 출판사로부터 출간 기획서를 요청받았다. 그 출판사 대표는 박 대리가 근무하는 회사와 오랫동안 좋은 관계를 유지하며 큰 수익을 담당하던 사람이었다. 박 대리는 심혈을 기울인 끝에 출간기획서를 완성하였고 개인적인 안부와 함께 제안서 초안을 이메일로 송부하였다.
>
> 한편 그 대표의 비서는 여러 군데 기획사에 맡긴 출간기획서를 모두 취합하여 간부회의에 돌려볼 수 있도록 모두 출력하였다. 그러나 박 대리가 보낸 이메일 내용이 간부회의 때 큰 파장을 일으켰다. 이메일에는 이전 접대자리가 만족스러웠는지를 묻고 다음에는 더 좋은 곳으로 모시겠다는 지극히 개인적인 내용이 들어 있었던 것이었다.
>
> 며칠 후 박 대리는 그 대표로부터 제안서 탈락과 동시에 거래처 취소 통보를 받았다. 박 대리는 밀접한 인간관계를 믿고 이메일을 보냈다가 공과 사를 구분하지 못한다는 대표의 불만과 함께 거래처 개인적인 만남이고 모든 관계가 끝이 나 버리게 되었다.

① 이메일을 송부했다는 연락을 하지 못한 것이 실수이다.

② 출간기획서 초안을 보낸 것이 실수이다.

③ 공과 사를 엄격하게 구분하지 못한 것이 실수이다.

④ 대표의 요구사항을 반영하지 못한 기획서를 보낸 것이 실수이다.

⑤ 이메일 제목에 '대외비' 문구를 표시하지 않은 것이 실수이다.

23. 도서출판 서원각에 근무하는 최 대리는 이번 달에 접수된 총 7건의 고객 불만 사항에 대해 보고서를 작성하려고 한다. A, B, C, D, E, F, G 고객의 불만이 접수된 순서가 다음의 정보를 모두 만족할 때, 불만 사항이 가장 마지막으로 접수된 고객은?

> 〈정보〉
> • B고객의 불만은 가장 마지막에 접수되지 않았다.
> • G고객의 불만은 C고객의 불만보다 먼저 접수되었다.
> • A고객의 불만은 B고객의 불만보다 먼저 접수되었다.
> • B고객의 불만은 E고객의 불만보다 나중에 접수되었다.
> • D고객과 E고객의 불만은 연달아 접수되었다.
> • C고객의 불만은 다섯 번째로 접수되었다.
> • A고객과 B고객의 불만 접수 사이에 한 건의 불만이 접수되었다.

① A   ② C

③ D   ④ F

⑤ G

24. 다음은 SNS 회사에 함께 인턴으로 채용된 두 친구의 대화이다. 두 사람이 제출했을 토론 주제로 적합한 것은?

> 여 : 대리님께서 말씀하신 토론 주제는 정했어? 난 인터넷에서 '저무는 육필의 시대'라는 기사를 찾았는데 토론 주제로 괜찮을 것 같아서 그걸 정리해 가려고 하는데.
>
> 남 : 난 아직 마땅한 게 없어서 찾는 중이야. 그런데 육필이 뭐야?
>
> 여 : SNS 회사에 입사했다는 애가 그것도 모르는 거야? 컴퓨터로 글을 쓰는 게 디지털 글쓰기라면 손으로 글을 쓰는 걸 육필이라고 하잖아.
>
> 남 : 아! 그런 거야? 그럼 우리는 디지털 글쓰기 세대겠네?
>
> 여 : 그런 셈이지. 요즘 다들 컴퓨터로 글을 쓰니까. 그나저나 너는 디지털 글쓰기의 장점이 뭐라고 생각해?
>
> 남 : 음, 우선 떠오르는 대로 빨리 쓸 수 있다는 점 아닐까? 또 쉽게 고칠 수도 있고. 그래서 누구나 쉽게 글을 쓸 수 있다는 점이 디지털 글쓰기의 최대 장점이라고 생각하는데.
>
> 여 : 맞아. 기존의 글쓰기가 소수의 전유물이었다면, 디지털 글쓰기 덕분에 누구나 쉽게 글을 쓰고 의사소통을 할 수 있게 되었다는 게 내가 본 기사의 핵심이었어. 한마디로 글쓰기의 민주화가 이루어진 거지.
>
> 남 : 글쓰기의 민주화……. 멋있어 보이기는 하는데, 디지털 글쓰기가 꼭 장점만 있는 것 같지는 않아. 누구나 쉽게 글을 쓸 수 있게 됐다는 건, 그만큼 글이 가벼워졌다는 거 아냐? 우리 주변에서도 그런 글들을 엄청나잖아.
>
> 여 : 하긴, 디지털 글쓰기 때문에 과거보다 진지하게 글을 쓰는 사람이 적어진 건 사실이야. 남의 글을 베끼거나 근거 없는 내용을 담은 글들도 많아지고.
>
> 남 : 우리 이 주제로 토론을 해 보는 게 어때?

① 세대 간 정보화 격차

② 디지털 글쓰기와 정보화

③ 디지털 글쓰기의 장단점

④ 디지털 글쓰기와 의사소통의 관계

⑤ 디지털 글쓰기의 미래

25. A 무역회사에 다니는 乙 씨는 회의에서 발표할 '해외 시장 진출 육성 방안'에 대해 다음과 같이 개요를 작성하였다. 이를 검토하던 甲이 지시한 내용 중 잘못된 것은?

Ⅰ. 서론
• 해외 시장에 진출한 우리 회사 제품 수의 증가 …… ㉠
• 해외 시장 진출을 위한 장기적인 전략의 필요성

Ⅱ. 본론
1. 해외 시장 진출의 의의
• 다른 나라와의 경제적 연대 증진 …… ㉡
• 해외 시장 속 우리 회사의 위상 제고
2. 해외 시장 진출의 장애 요소
• 해외 시장 진출 관련 재정 지원 부족
• 우리 회사에 대한 현지인의 인지도 부족 …… ㉢
• 해외 시장 진출 전문 인력 부족
3. 해외 시장 진출 지원 및 육성 방안
• 재정의 투명한 관리 …… ㉣
• 인지도를 높이기 위한 현지 홍보 활동
• 해외 시장 진출 전문 인력 충원

Ⅲ. 결론
• 해외 시장 진출의 전망 …… ㉤

---

① ㉠ : 해외 시장에 진출한 우리 회사 제품 수를 통계 수치로 제시하면 더 좋겠군.

② ㉡ : 다른 나라에 진출한 타 기업 수 현황을 근거 자료로 제시하면 더 좋겠군.

③ ㉢ : 우리 회사에 대한 현지인의 인지도를 타 기업과 비교해 상대적으로 낮음을 보여주면 효과적이겠군.

④ ㉣ : Ⅱ-2를 고려할 때 '해외 시장 진출 관련 재정 확보 및 지원'으로 수정하는 것이 좋겠군.

⑤ ㉤ : 해외 시장 진출 전망을 단기와 장기로 구분하여 그래프 등 시각적인 자료로 제시하면 한눈에 파악하기 쉽겠군.

┃26~27┃ 다음 글을 읽고 물음에 답하시오.

오랫동안 인류는 동물들의 희생이 수반된 육식을 당연하게 여겨왔으며 이는 지금도 진행 중이다. 그런데 이에 대해 윤리적 문제를 제기하며 채식을 선택하는 경향이 생겨났다. 이러한 경향을 취향이나 종교, 건강 등의 이유로 채식하는 입장과 구별하여 '윤리적 채식주의'라고 한다. 그렇다면 윤리적 채식주의 관점에서 볼 때, 육식의 윤리적 문제점은 무엇인가?

육식의 윤리적 문제점은 크게 개체론적 관점과 생태론적 관점으로 나누어 살펴볼 수 있다. 개체론적 관점에서 볼 때, 인간과 동물은 모두 존중받아야 할 '독립적 개체'이다. 동물도 인간처럼 주체적인 생명을 영위해야 할 권리가 있는 존재이다. 또한 동물도 쾌락과 고통을 느끼는 개별 생명체이므로 그들에게 고통을 주어서도, 생명을 침해해서도 안 된다. 요컨대 동물도 고유한 권리를 가진 존재이기 때문에 동물을 단순히 음식 재료로 여기는 인간 중심주의적인 시각은 윤리적으로 문제가 있다.

한편 ㉠생태론적 관점에서 볼 때, 지구의 모든 생명체들은 개별적으로 존재하는 것이 아니라 서로 유기적으로 연결되어 존재한다. 따라서 각 개체로서의 생명체가 아니라 유기체로서의 지구 생명체에 대한 유익성 여부가 인간 행위의 도덕성을 판단하는 기준이 되어야 한다. 그러므로 육식의 윤리성도 지구 생명체에 미치는 영향에 따라 재고되어야 한다. 예를 들어 대량 사육을 바탕으로 한 공장제 축산업은 인간에게 풍부한 음식 재료를 제공한다. 하지만 토양, 수질, 대기 등의 환경을 오염시켜 지구 생명체를 위협하므로 윤리적으로 문제가 있다.

결국 우리의 육식이 동물에게든 지구 생명체에든 위해를 가한다면 이는 윤리적이지 않기 때문에 문제가 있다. 인류의 생존을 위한 육식은 누군가에게는 필수불가결한 면이 없지 않다. 그러나 인간이 세상의 중심이라는 시각에 젖어 그동안 우리는 인간 이외의 생명에 대해서는 윤리적으로 무감각하게 살아왔다. 육식의 윤리적 문제점은 인간을 둘러싼 환경과 생명을 새로운 시각으로 바라볼 것을 요구하고 있다.

26. 제시된 글의 중심 내용으로 가장 적절한 것은?

① 윤리적 채식의 기원
② 육식의 윤리적 문제점
③ 지구 환경 오염의 실상
④ 윤리적 채식주의자의 권리
⑤ 채식이 인체에 미치는 효과

27. ⊙을 지닌 사람들이 다음에 대해 보일 반응으로 가장 적절한 것은?

옥수수, 사탕수수 등을 원료로 하는 바이오 연료는 화석 연료에 비해 에너지 효율은 낮지만 기존의 화석 연료를 대체하는 신재생 에너지로 주목받고 있다. 브라질에서는 넓은 면적의 열대우림을 농경지로 개간하여 바이오 연료를 생산함으로써 막대한 경제적 이익을 올리고 있다. 하지만 바이오 연료는 생산과정에서 화학비료나 농약 등을 과도하게 사용하여 여러 환경문제를 발생시켰다. 또한 식량자원을 연료로 사용함으로써 저개발국의 식량보급에 문제를 발생시켰다.

① 바이오 연료 생산으로 열대우림이 파괴되는 것도 인간에게 이익이 되는 일이라면 가치가 있다.
② 바이오 연료는 화석 연료에 비해 에너지 효율이 낮지만, 대체 에너지 자원으로 적극 활용해야 한다.
③ 바이오 연료가 식량 문제를 발생시켰지만, 신재생 에너지이므로 환경 문제를 해결하는 데에는 긍정적이다.
④ 바이오 연료는 친환경 에너지원으로 보이지만, 그 생산 과정을 고려하면 지구 생명체에 유해한 것으로 보아야 한다.
⑤ 바이오 연료 생산을 위해 더 많은 열대우림을 농경지로 개간해야 한다.

28. M회사 구내식당에서 근무하고 있는 N씨는 식단을 편성하는 업무를 맡고 있다. 식단편성을 위한 조건이 다음과 같을 때 월요일에 편성되는 식단은?

〈조건〉
• 다음 5개의 메뉴를 월요일~금요일 5일에 각각 하나씩 편성해야 한다.
 - 돈가스 정식, 나물 비빔밥, 크림 파스타, 오므라이스, 제육덮밥
• 월요일에는 돈가스 정식을 편성할 수 없다.
• 목요일에는 오므라이스를 편성할 수 없다.
• 제육덮밥은 금요일에 편성해야 한다.
• 나물 비빔밥은 제육덮밥과 연달아 편성할 수 없다.
• 돈가스 정식은 오므라이스보다 먼저 편성해야 한다.

① 나물 비빔밥　　　　② 크림 파스타
③ 오므라이스　　　　④ 제육덮밥
⑤ 돈가스 정식

29. 취업을 준비하고 있는 A, B, C, D, E 5명이 지원한 분야는 각각 마케팅, 생산, 출판, 회계, 시설관리 중 한 곳이다. 5명이 모두 서류전형에 합격하여 NCS 직업기초능력평가를 보러 가는데, 이때 지하철, 버스, 택시 중 한 가지를 타고 가려고 한다. 다음 중 옳지 않은 것은? (단, 한 가지 교통수단은 최대 2명만 이용할 수 있고, 한 사람도 이용하지 않는 교통수단은 없다)

㉠ 버스는 마케팅, 생산, 출판, 시설관리를 지원한 사람의 회사를 갈 수 있다.
㉡ A는 출판을 지원했다.
㉢ E는 어떤 교통수단을 이용해도 지원한 회사에 갈 수 있다.
㉣ 지하철에는 D를 포함한 두 사람이 탄다.
㉤ B가 탈 수 있는 교통수단은 지하철뿐이다.
㉥ 버스와 택시가 지나가는 회사는 마케팅을 제외하고 중복되지 않는다.

① B와 D는 같이 지하철을 이용한다.
② E는 택시를 이용한다.
③ A는 버스를 이용한다.
④ E는 회계를 지원했다.
⑤ B는 생산을 지원했다.

30. 다음은 어느 레스토랑의 3C분석 결과이다. 이 결과를 토대로 하여 향후 해결해야 할 전략과제를 선택하고자 할 때 적절하지 않은 것은?

3C	상황 분석
고객 / 시장 (Customer)	• 식생활의 서구화 • 유명브랜드와 기술제휴 지향 • 신세대 및 뉴패밀리 층의 출현 • 포장기술의 발달
경쟁 회사 (Competitor)	• 자유로운 분위기와 저렴한 가격 • 전문 패밀리 레스토랑으로 차별화 • 많은 점포수 • 외국인 고용으로 인한 외국인 손님 배려
자사 (company)	• 높은 가격대 • 안정적 자금 공급 • 업계 최고의 시장점유율 • 고객증가에 따른 즉각적 응대의 한계 • 한식 위주의 메뉴 구성

① 원가 절감을 통한 가격 조정
② 유명브랜드와의 장기적인 기술제휴
③ 즉각적인 응대를 위한 인력 증대
④ 안정적인 자금 확보를 위한 자본구조 개선
⑤ 서구화된 식생활에 따른 메뉴 다양화

┃31~33┃ 다음은 A전자의 한 영업점에 오늘 입고된 30개의 전자제품의 코드 목록이다. 모든 제품은 A전자에서 생산된 제품이다. 다음의 코드 부여 방식을 참고하여 물음에 답하시오.

RE − 10 − CNB − 2A − 1501	TE − 34 − CNA − 2A − 1501	WA − 71 − CNA − 3A − 1501
RE − 10 − CNB − 2A − 1409	TE − 36 − KRB − 2B − 1512	WA − 71 − CNA − 3A − 1506
RE − 11 − CNB − 2C − 1503	TE − 36 − KRB − 2B − 1405	WA − 71 − CNA − 3A − 1503
RE − 16 − CNA − 1A − 1402	TE − 36 − KRB − 2B − 1502	CO − 81 − KRB − 1A − 1509
RE − 16 − CNA − 1A − 1406	TE − 36 − KRB − 2C − 1503	CO − 81 − KRB − 1A − 1412
RE − 16 − CNA − 1C − 1508	AI − 52 − CNA − 3C − 1509	CO − 83 − KRA − 1A − 1410
TE − 32 − CNB − 3B − 1506	AI − 52 − CNA − 3C − 1508	CO − 83 − KRA − 1B − 1407
TE − 32 − CNB − 3B − 1505	AI − 58 − CNB − 1A − 1412	CO − 83 − KRC − 1C − 1509
TE − 32 − CNB − 3C − 1412	AI − 58 − CNB − 1C − 1410	CO − 83 − KRC − 1C − 1510
TE − 34 − CNA − 2A − 1408	AI − 58 − CNB − 1C − 1412	CO − 83 − KRC − 1C − 1412

〈코드부여방식〉
[제품 종류] − [모델 번호] − [생산 국가/도시] − [공장과 라인] − [제조년월]

〈예시〉
WA − 16 − CNA − 2B − 1501
2015년 1월에 중국 후이저우 2공장 B라인에서 생산된 세탁기 16번 모델

제품 종류 코드	제품 종류	생산 국가/도시 코드	생산 국가/도시
RE	냉장고	KRA	한국/창원
TE	TV	KRB	한국/청주
AI	에어컨	KRC	한국/구미
WA	세탁기	CNA	중국/후이저우
CO	노트북	CNB	중국/옌타이

31. 오늘 입고된 제품의 목록에 대한 설명으로 옳은 것은?

① 제품 종류와 모델 번호가 같은 제품은 모두 같은 도시에서 생산되었다.

② 15년에 생산된 제품보다 14년에 생산된 제품이 더 많다.

③ TV는 모두 중국에서 생산된다.

④ 노트북은 2개의 모델만 입고되었다.

⑤ 중국 옌타이에서 생산된 에어컨은 후이저우에서 생산된 에어컨보다 제조년월이 늦다.

32. 중국 옌타이 제1공장의 C라인에서 생산된 제품들이 모두 부품 결함으로 인한 불량품이었다. 영업점에서 반품해야 하는 제품은 총 몇 개인가?

① 1개 　　　　　② 2개

③ 3개 　　　　　④ 4개

⑤ 5개

33. 2015년 11월 6일 한국 청주 제2공장 B라인에서 생산된 에어컨 59번 제품의 코드로 옳은 것은?

① AI − 59 − KRB − 2B − 1511

② AI − 59 − KRA − 2B − 1106

③ AI − 59 − KRB − 2B − 1506

④ AI − 59 − KRA − 2B − 1511

⑤ AI − 59 − KRB − B2 − 1511

34. 다음은 오디오데이터에 대한 설명이다. (가), (나)에 들어갈 용어를 바르게 짝지은 것은?

(가)	- 아날로그 형태의 소리를 디지털 형태로 변형하는 샘플링 과정을 통하여 작성된 데이터 - 실제 소리가 저장되어 재생이 쉽지만, 용량이 큼 - 파일의 크기 계산 : 샘플링 주기×샘플링 크기×시간×재생방식(모노=1, 스테레오=2)
MIDI	- 전자악기 간의 디지털 신호에 의한 통신이나 컴퓨터와 전자악기 간의 통신 규약 - 음성이나 효과음의 저장은 불가능하고, 연주 정보만 저장되므로 크기가 작음 - 시퀀싱 작업을 통해 작성되며, 16개 이상의 악기 동시 연주 가능
(나)	- 고음질 오디오 압축의 표준 형식 - MPEG-1의 압축 방식을 이용하여, 음반 CD 수준의 음질을 유지하면서 1/12정도까지 압축

	(가)	(나)
①	WAVE	AVI
②	WAVE	MP3
③	MP3	WAVE
④	MP3	AVI
⑤	AVI	WAVE

35. 다음 중 아래의 설명에 해당하는 용어는?

> • 정보의 형태나 형식을 변환하는 처리나 처리 방식이다.
> • 파일의 용량을 줄이거나 화면크기를 변경하는 등 다양한 방법으로 활용된다.

① 인코딩(encoding)
② 리터칭(retouching)
③ 렌더링(rendering)
④ 디코더(decoder)
⑤ 마스킹(masking)

36. 박대리는 보고서를 작성하던 도중 모니터에 '하드웨어 충돌'이라는 메시지 창이 뜨자 혼란에 빠지고 말았다. 이 문제점을 해결하기 위해 할 수 있는 행동으로 옳은 것은?

① [F8]을 누른 후 메뉴가 표시되면 '부팅 로깅'을 선택한 후 문제의 원인을 찾는다.

② 사용하지 않는 Windows 구성 요소를 제거한다.

③ [Ctrl]+[Alt]+[Delete] 또는 [Ctrl]+[Shift]+[Esc]를 누른 후 [Windows 작업 관리자]의 '응용 프로그램'탭에서 응답하지 않는 프로그램을 종료한다.

④ [시스템] → [하드웨어]에서 〈장치 관리자〉를 클릭한 후 '장치 관리자'창에서 확인하여 중복 설치된 장치를 제거 후 재설치한다.

⑤ [F5]를 눌러 새로고침한다.

37. 다음은 한글 바로가기 단축키이다. 다음 중 잘못된 내용은?

〈바로가기 단축키〉			
F1	도움말	Ctrl+A	전체 선택
F2	찾기 … ㉠	Ctrl+C	복사
F3	블록설정	Ctrl+X	잘라내기
Ctrl+Esc	[시작] 메뉴 표시	Ctrl+V	붙여넣기
Alt+Enter↵	등록 정보 표시		
Alt+F4	창 닫기, 프로그램 종료 … ㉡		
PrtSc	화면 전체를 클립보드로 복사		
Alt+PrtSc	실행 중인 프로그램을 순서대로 전환 … ㉢		
Alt+←	실행 중인 프로그램 목록을 보여 주면서 프로그램 전환		
Ctrl+Alt+Del	'Windows 작업관리자' 대화상자 호출 (Ctrl+Shift+Esc) … ㉣		
Shift	CD 삽입시 자동 실행 기능 정지 … ㉤		

① ㉠   ② ㉡
③ ㉢   ④ ㉣
⑤ ㉤

■ 38~40 ■ 다음은 우리나라에 수입되는 물품의 코드이다. 다음 코드 목록을 보고 이어지는 질문에 답하시오.

생산 연월	생산지역		상품종류		순서
	지역코드	고유번호	분류코드	고유번호	
	1 유럽	A 프랑스	01 가공식품류	001 소시지	
		B 영국		002 맥주	
		C 이탈리아		003 치즈	
		D 독일	02 육류	004 돼지고기	
	2 남미	E 칠레		005 소고기	
		F 볼리비아		006 닭고기	
• 1602 2016년 2월	3 동아시아	G 일본	03 농수산식품류	007 파프리카	00001 부터 시작하여 수입된 물품 순서 대로 5자리 의 번호가 매겨짐
		H 중국		008 바나나	
• 1608 2016년 8월	4 동남아시아	I 말레이시아		009 양파	
		J 필리핀		010 할라피뇨	
• 1702 2017년 2월		K 태국		011 후추	
		L 캄보디아		012 파슬리	
	5 아프리카	M 이집트	04 공산품류	013 의류	
		N 남아공		014 장갑	
	6 오세아니아	O 뉴질랜드		015 목도리	
		P 오스트레일리아		016 가방	
				017 모자	
	7 중동아시아	Q 이란		018 신발	
		H 터키			

〈예시〉
2016년 3월 남미 칠레에서 생산되어 31번째로 수입된 농수산식품류 파프리카 코드

<u>1603</u>   –   <u>2E</u>   –   <u>03007</u>   –   <u>00031</u>

38. 다음 중 2016년 5월 유럽 독일에서 생산되어 64번째로 수입된 가공식품류 소시지의 코드로 맞는 것은?

① 16051A0100100034
② 16051D0200500064
③ 16054K0100200064
④ 16051D0100100064
⑤ 16051D0101100034

39. 다음 중 아시아 대륙에서 생산되지 않은 상품의 코드를 고르면?

① 16017Q0401800078
② 16054J0300800023
③ 14053G0401300041
④ 17035M0401400097
⑤ 18673H0100300101

40. 상품코드 17034L0301100001에 대한 설명으로 옳지 않은 것은 무엇인가?

① 첫 번째로 수입된 상품이다.
② 동남아시아에서 수입되었다.
③ 2017년 6월 수입되었다.
④ 농수산식품류에 속한다.
⑤ 후추이다.

41. 다음 조직도를 잘못 이해한 사람은?

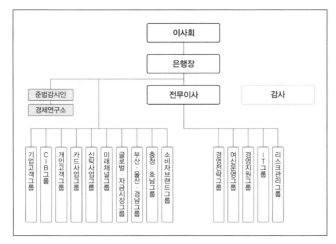

① 연지 : 그룹은 총 15개로 이루어져 있네.

② 동성 : 감사는 업무의 독립성을 위해 이사회 소속이 아니라 따로 독립되어 있어.

③ 진이 : 준법감시인과 경제연구소는 전무이사 소속으로 되어 있어.

④ 순철 : 경영전략그룹과 경영지원그룹은 업무의 연관성으로 인해 똑같이 전무이사 소속으로 되어 있어.

⑤ 수진 : 은행장 소속 그룹 수는 전무이사 소속 그룹 수의 2배야.

42. 다음의 조직목표에 대한 설명 중 옳은 것은?

① 공식적인 목표인 사명은 측정 가능한 형태로 기술되는 단기적인 목표이다.

② 조직목표는 환경이나 여러 원인들에 의해 변동되거나 없어지지 않는다.

③ 구성원들이 자신의 업무만을 성실하게 수행하면 조직목표는 자연스럽게 달성된다.

④ 조직은 다수의 목표를 추구할 수 있으며 이들은 상하관계를 가지기도 한다.

⑤ 조직목표는 조직목적의 단계에 이르기 위해 성취해야 하는 구체적인 기대상태를 기술한 것으로 반드시 측정 가능하다.

43. 다음은 Q기업의 조직도와 팀장님의 지시사항이다. 다음 중 J씨가 해야 할 행동으로 가장 적절한 것은?

[팀장 지시사항]

　　J씨, 다음 주에 신규직원 공채시작이지? 실무자에게 부탁해서 공고문 확인하고 지난번에 우리 부서에서 제출한 자료랑 맞게 제대로 들어갔는지 확인해주고 공채 절차하고 채용 후에 신입직원 교육이 어떻게 진행되는지 정확한 자료를 좀 받아와요.

① 홍보실에서 신규직원 공채 공고문을 받고, 인사부에서 신입직원 교육 자료를 받아온다.

② 인사부에서 신규직원 공채 공고문을 받고, 총무부에서 신입직원 교육 자료를 받아온다.

③ 인사부에서 신규직원 공채 공고문과 신입직원 교육 자료를 받아온다.

④ 총무부에서 신규직원 공채 공고문과 신입직원 교육 자료를 받아온다.

⑤ 기획부에서 신규직원 공채 공고문을 받고, 자재부에서 신입직원 교육자료를 받아온다.

44. 조직이 유연하고 자유로운지 아니면 안정이나 통제를 추구하는지, 조직이 내부의 단결이나 통합을 추구하는지 아니면 외부의 환경에 대한 대응성을 추구하는지의 차원에 따라 집단문화, 개발문화, 합리문화, 계층문화로 구분된다. 지문에 주어진 특징을 갖는 조직문화의 유형은?

　　과업지향적인 문화로, 결과지향적인 조직으로써의 업무의 완수를 강조한다. 조직의 목표를 명확하게 설정하여 합리적으로 달성하고, 주어진 과업을 효과적이고 효율적으로 수행하기 위하여 실적을 중시하고, 직무에 몰입하며, 미래를 위한 계획을 수립하는 것을 강조한다. 합리문화는 조직구성원 간의 경쟁을 유도하는 문화이기 때문에 때로는 지나친 성과를 강조하게 되어 조직에 대한 조직구성원들의 방어적인 태도와 개인주의적인 성향을 드러내는 경향을 보인다.

① 집단문화　　　　　② 개발문화

③ 합리문화　　　　　④ 계층문화

⑤ 주변문화

▎45~46▎ 다음은 J사의 2015년 조직도이다. 주어진 조직도를 보고 물음에 답하시오.

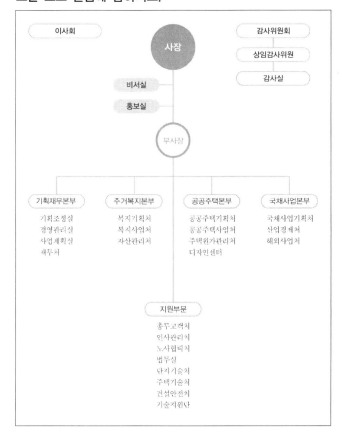

45. 위 조직도를 보고 잘못 이해한 것은?

① 부사장은 따로 비서실을 두고 있지 않다.

② 비서실과 홍보실은 사장 직속으로 소속되어 있다.

③ 감사실은 공정한 감사를 위해 다른 조직들과는 구분되어 감사위원회 산하로 소속되어 있다.

④ 부사장 직속으로는 1개 부문, 1실, 6개 처, 1개의 지원단으로 구성되어 있다.

⑤ 주거복지본부와 국채사업본부는 모두 3개 처로 구성되어 있다.

46. 다음은 J사의 내년 조직개편사항과 A씨가 개편사항을 반영하여 수정한 조직도이다. 수정된 조직도를 보고 상사인 B씨가 A씨에게 지적할 사항으로 옳은 것은?

〈조직개편사항〉

• 미래기획단 신설(사장 직속)

• 명칭변경(주거복지본부) : 복지기획처 → 주거복지기획처, 복지사업처 → 주거복지사업처

• 지원부문을 경영지원부문과 기술지원부문으로 분리한다.
 – 경영지원부문 : 총무고객처, 인사관리처, 노사협력처, 법무실
 – 기술지원부문 : 단지기술처, 주택기술처, 건설안전처, 기술지원단

• 공공주택본부 소속으로 행복주택부문(행복주택계획처, 행복주택사업처, 도시재생계획처) 신설

• 중소기업지원단 신설(기술지원부문 소속)

① ㉠ 미래기획단을 부사장 직속으로 이동시켜야 합니다.

② ㉡ 주거복지기획처를 복지기획처로 변경해야 합니다.

③ ㉢ 행복주택부문을 부사장 직속으로 이동해야 합니다.

④ ㉣ 중소기업지원단을 기술지원부문으로 이동해야 합니다.

⑤ ㉤ 기술지원부문을 경영지원부문 직속으로 이동해야 합니다.

┃47~48┃ 다음은 작년의 사내 복지 제도와 그에 따른 4/4분기 복지 지원 내역이다. 올 1/4분기부터 복지 지원 내역의 변화가 있었을 때, 다음의 물음에 답하시오.

〈사내 복지 제도〉

구분	세부사항
주택 지원	사택지원 (1~6동 총 6개 동 120가구) 기본 2년 (신청 시 1회 2년 연장 가능)
경조사 지원	본인/가족 결혼, 회갑 등 각종 경조사 시 경조금, 화환 및 경조휴가 제공
학자금 지원	고등학생, 대학생 학자금 지원
기타	상병 휴가, 휴직, 4대 보험 지원

〈4/4분기 지원 내역〉

이름	부서	직위	세부사항	금액(천 원)
정희진	영업1팀	사원	모친상	1,000
유연화	총무팀	차장	자녀 대학진학 (입학금 제외)	4,000
김길동	인사팀	대리	본인 결혼	500
최선하	IT개발팀	과장	병가(실비 제외)	100
김만길	기획팀	사원	사택 제공(1동 702호)	–
송상현	생산2팀	사원	장모상	500
길태화	기획팀	과장	생일	50(상품권)
최현식	총무팀	차장	사택 제공(4동 204호)	–
최판석	총무팀	부장	자녀 결혼	300
김동훈	영업2팀	대리	생일	50(상품권)
백예령	IT개발팀	사원	본인 결혼	500

47. 인사팀의 사원 Z씨는 팀장님의 지시로 작년 4/4분기 지원 내역을 구분하여 정리했다. 다음 중 구분이 잘못된 직원은?

구분	이름
주택 지원	김만길, 최현식
경조사 지원	정희진, 김길동, 길태화, 최판석, 김동훈, 백예령
학자금 지원	유연화
기타	최선하, 송상현

① 정희진　　　　　② 김동훈
③ 유연화　　　　　④ 송상현
⑤ 최선하

48. 다음은 올해 1/4분기 지원 내역이다. 변경된 복지 제도 내용으로 옳지 않은 것은?

이름	부서	직위	세부사항	금액(천 원)
김태호	총무팀	대리	장인상	1,000
이준규	영업2팀	과장	자녀 대학 등록금	4,000
박신영	기획팀	사원	생일	50(기프트 카드)
장민하	IT개발팀	차장	자녀 결혼	500
백유진	기획팀	대리	병가(실비 포함)	200
배주한	인사팀	차장	생일	50(기프트 카드)

① 경조사 지원금은 직위와 관계없이 동일한 금액으로 지원됩니다.
② 배우자 부모 사망 시 경조사비와 본인 부모 사망 시 경조사비를 동일하게 지급합니다.
③ 직원 본인 병가 시 위로금 10만 원과 함께 병원비(실비)를 함께 지급합니다.
④ 생일 시 지급되는 상품권을 현금카드처럼 사용할 수 있는 기프트 카드로 변경 지급합니다.
⑤ 자녀 결혼 시 경조금이 50만 원으로 상향 지원됩니다.

49. D그룹 홍보실에서 근무하는 사원 민경씨는 2018년부터 적용되는 새로운 조직 개편 기준에 따라 홈페이지에 올릴 조직도를 만들려고 한다. 다음 조직도의 빈칸에 들어갈 것으로 옳지 않은 것은?

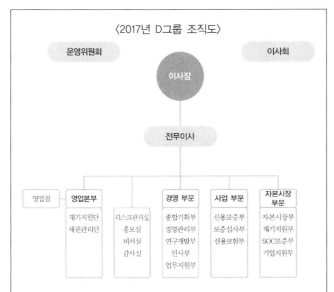

〈2017년 D그룹 조직도〉

2018년 D그룹 조직 개편 기준
- 명칭변경 : 사업부문→신용사업부문
- 감사위원회를 신설하고 감사실을 감사위원회 소속으로 이동한다.
- 경영부문을 경영기획부문과 경영지원부문으로 분리한다.
- 경영부문의 종합기획부, 경영관리부, 연구개발부는 경영기획부문으로 인사부, 업무지원부는 경영지원부문으로 각각 소속된다.
- 업무지원부의 IT 관련 팀을 분리하여 IT전략부를 신설한다.
- 자본시장부문의 기업지원부는 영업본부 소속으로 이동한다.

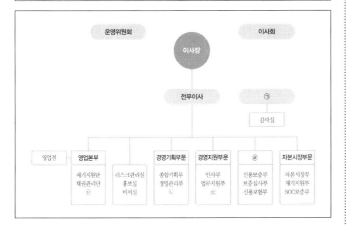

① ㉠ : 감사위원회
② ㉡ : 연구개발부
③ ㉢ : IT전략부
④ ㉣ : 사업부문
⑤ ㉤ : 기업지원부

50. 소셜미디어 회사에 근무하는 甲은 사회 네트워크에 대한 이론을 바탕으로 자사 SNS 서비스를 이용하는 A~P에 대한 분석을 실시하였다. 甲이 분석한 내용 중 잘못된 것은?

사회 네트워크란 '사람들이 연결되어 있는 관계망'을 의미한다. '중심성'은 한 행위자가 전체 네트워크에서 중심에 위치하는 정도를 표현하는 지표이다. 중심성을 측정하는 방법에는 여러 가지가 있는데, 대표적인 것으로 '연결정도 중심성'과 '근접 중심성'의 두 가지 유형이 있다.

'연결정도 중심성'은 사회 네트워크 내의 행위자와 직접적으로 연결되는 다른 행위자 수의 합으로 얻어진다. 이는 한 행위자가 다른 행위자들과 얼마만큼 관계를 맺고 있는가를 통하여 그 행위자가 사회 네트워크에서 중심에 위치하는 정도를 측정하는 것이다. 예를 들어 〈예시〉에서 행위자 A의 연결정도 중심성은 A와 직접 연결된 행위자의 숫자인 4가 된다.

'근접 중심성'은 사회 네트워크에서의 두 행위자 간의 거리를 강조한다. 사회 네트워크상의 다른 행위자들과 가까운 위치에 있다면 그들과 쉽게 관계를 맺을 수 있고 따라서 그만큼 중심적인 역할을 담당한다고 간주한다. 연결정도 중심성과는 달리 근접 중심성은 네트워크 내에서 직·간접적으로 연결되는 모든 행위자들과의 최단거리의 합의 역수로 정의된다. 이때 직접 연결된 두 점의 거리는 1이다. 예를 들어 〈예시〉에서 A의 근접 중심성은 $\frac{1}{6}$이 된다.

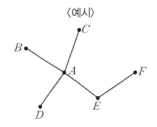

〈예시〉

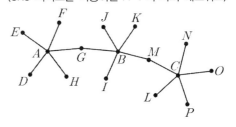

〈SNS 서비스를 이용하는 A~P의 사회 네트워크〉

① 행위자 G의 근접 중심성은 $\frac{1}{37}$이다.

② 행위자 A의 근접 중심성은 행위자 B의 근접 중심성과 동일하다.

③ 행위자 G의 근접 중심성은 행위자 M의 근접 중심성과 동일하다.

④ 행위자 G의 연결정도 중심성은 행위자 M의 연결정도 중심성과 동일하다.

⑤ 행위자 A, B, C의 연결정도 중심성은 모두 동일하다.

건강보험
심사평가원

직업기초능력평가 모의고사

[행정직/심사직]

정답 및 해설

SEOWONGAK
(주)서원각

1 ①

공문서는 시행일자 뒤에 수신처에서 문서를 보존할 기간을 기입해야 하지만 행정기관이 아닌 경우에는 기재를 하지 않아도 된다. 참고로 보존기간의 표시로는 영구, 준영구, 10년, 5년, 3년, 1년 등을 사용한다.

2 ②

사회보험의 종류에는 공적연금, 건강보험, 산재보험, 고용(실업)보험, 노인장기요양보험 등이 있으며 공적연금은 다시 노령연금, 유족연금, 장애연금으로 구분된다.

3 ④

④ 기원 – 祈願

4 ④

법정대시인 → 법정대리인
재란법인 → 재단법인
정부투기기관 → 정부투자기관
체유하는 → 체류하는

5 ④

토론의 주제는 찬성과 반대로 뚜렷하게 나뉘어질 수 있는 것이 좋다. 위 토론의 주제는 찬성(전교생을 대상으로 무료급식을 시행해야 한다.)과 반대(전교생을 대상으로 무료급식을 시행해서는 안 된다.)로 분명하게 나뉘어지므로 옳은 주제라 할 수 있다.

6 ③

㈎에서 나무꾼은 도끼날이 무뎌졌다는 근본적인 원인을 찾지 못 해 지칠 때까지 힘들게 나무를 베다가 결국 바닥에 드러눕고 말았다. 따라서 이를 끈기 있게 노력하지 않고 좋은 결과를 바라는 업무 태도 개선에 적용하는 것은 적용 대상의 모색이 잘못된 것이다.

7 ①

입찰 매매는 서면으로 최고 및 최저 가격을 제시한 자와 계약을 체결하며 주로 관공서나 공기업 등의 물품 구입이나 공사 발주 시 이용된다.

8 ②

기업의 자금 조달 중 보통주 발행은 자기 자본으로 형성되며 주식에 투자한 주주는 경영 참가권을 갖게 된다. 채권 발행은 타인 자본이며, 기업은 이자 부담과 원금 상환 의무를 가지게 된다.

9 ⑤

⑤ 절약은 소비를 줄이는 행동이지만 이를 통해 원자로 1기를 덜 지어도 동일한 생산 효과를 얻을 수 있다는 말이다.
① 절약을 통해 생산이 감소한다는 것은 단순하게 이해한 것으로, 절약을 통해 불필요한 생산을 막을 수 있다는 의미가 드러나지 않았다.
② 절약으로 전력 사용량을 감소시킬 수 있다.
③ 절약을 통해 불필요한 생산을 막을 수 있기 때문에 생산과 관련이 있다.
④ 전후 관계가 반대로 되었다.

10 ④

④ 글쓴이는 우리가 처해진 문제 상황을 제시하고 이 속에서 에너지의 절약은 선택 사항이 아니라 반드시 해야 하는 필수임을 강조하고 있다.

11 ①

주어진 글은 하회 마을 여행을 권유하는 안내문으로, 하회 마을과 그 주변 지역의 대표적인 관광지에 대한 정보를 제시한 후에, 하회 마을의 여행 일정을 추천하고 하회 마을 여행의 의의를 밝히고 있다.

12 ③

좋은 글은 한 번에 완성되지 않는다. 따라서 효과적으로 자신의 의도를 표현하기 위해서는 글을 쓰면서 조정과 점검의 과정을 거치는 것이 좋다. 글쓴이는 5월이 가족 여행하기에 좋은 계절이라고 말하고 하회 마을이 가족 여행지로 적합하다는 점을 강조하고 있다. 〈보기〉의 내용은 그렇게 표현하는 과정에서 좀 더 독자들의 관심을 끌고 이해를 돕기 위해 내용을 적절하게 조정하고 점검하는 내용에 해당한다.

13 ③

① 김 교수의 첫 번째 발언에서 확인할 수 있다.
② 이 교수의 첫 번째 발언에서 확인할 수 있다.
④ 이 교수의 마지막 발언에서 확인할 수 있다.
⑤ 이 교수의 두 번째 발언에서 확인할 수 있다.

14 ②

② 김 교수는 앞서 말한 이 교수의 의견에 공감을 표하며 자신의 의견을 덧붙이는 방식으로 자신의 의견을 표현하고 있다.

15 ①

주식, 채권은 직접 금융 시장에서 자금을 조달하며, 주식은 수익성이 높으며, 저축과 채권은 주식보다는 안정성이 높다.

16 ②

종업원 현황에서 110명은 중소기업에 해당되며, 4대 보험은 기업이 제공하고 있는 법정 복리 후생이다.

17 ④

고객은 많은 문제를 풀어보기를 원하므로 우선적으로 예상문제의 수가 많은 것을 찾아야 한다.

18 ③

고객의 요구인 20,000원 가격선과 예상문제의 수가 많은 도서는 문제완성이 된다.

19 ④

수취확인 문의전화는 언어적 의사소통에 해당한다.
문서적 의사소통에는 거래처에서 보내온 수취확인서, 박 대리에게 메모한 업무지시, 영문 운송장 작성, 주간업무보고서 작성 등이 해당된다.

20 ①

한글 맞춤법 제43항에 따르면 '단위를 나타내는 명사는 띄어 쓴다.'라고 규정하고 있다. 다만, 순서를 나타내는 경우나 숫자와 어울리어 쓰이는 경우에는 붙여 쓸 수 있다.

21 ④

주체 높임은 용언의 어간에 높임의 선어말 어미 '-시-'를 붙여 문장의 주체를 높인다.
ㄹ에서는 종결어미 '-지요'를 사용하여 청자에게 높임의 태도를 나타내는 상대 높임 표현이 쓰였다.

22 ④

김 실장은 중국의 소비가 급등한 원인을 1인 가구의 급속한 증가로 인한 것으로 보았으나 인도는 10가구 중 9가구가 자녀가 있으며, 부양가족의 수가 많으면 소비가 낮다는 것을 고려한 것이다.

23 ③

① 건강보험공단에서 지원하는 제도이다.
② 임신지원금은 임신 1회당 50만원이나 다태아 임신 시에는 70만원이 지급된다.
④ 지원기간은 신청에 관계없이 이용권 수령일로부터 분만예정일＋60일까지이다.
⑤ 국민행복카드는 지정이용기관에서 이용권 제시 후 결제한다.

24 ①

만약 A가 범인이라고 가정한다면

	A	B	C
첫 번째 진술	×	×	○
두 번째 진술			×
세 번째 진술			×

C의 두 번째와 세 번째 진술은 거짓이므로 A와 C는 만난 적이 있다.

그러면 A의 세 번째 진술은 참이 되고 A의 두 번째 진술과 B의 세 번째 진술은 거짓이 된다.

이 경우 B의 첫 번째 진술과 세 번째 진술이 거짓이므로 두 번째 진술은 참이 되어야 하는데 C이 두 번째 진술과 상충되므로 가정을 한 A는 범인이 아니다.

C가 범인이라고 가정을 하면 $A-$ⓒ, $B-$ⓛ, $C-$ⓛ이 진실일 때 모순이 없다.

25 ④

ⓔ 화제제시 → ⓒ 예시 → ⓛ 앞선 예시에 대한 근거 → ⓗ 또 다른 예시 → 결론의 순서로 배열하는 것이 적절하다.

26 ②

〈보기〉의 내용을 문제에 더해서 생각하면 'C는 변호사이다.'를 참으로 가정하면

	교사	변호사	의사	경찰	
A	×	×	×	○	경찰
B	○	×	×	×	교사
C	×	○	×	×	변호사
D	×	×	○	×	의사

이렇게 되나, '① A는 교사와 만났지만, D와는 만나지 않았다.'와 '④ D는 경찰과 만났다.'는 모순이 된다. 그러므로 ⓗ C는 변호사이다 → 거짓

ⓛ 명제를 참이라고 가정하면 의사와 경찰은 만났으므로 B, C는 둘 다 의사와 경찰이 아니다. D는 경찰이 아니므로 A가 경찰, D가 의사가 된다. 그러나 ①에서 A와 D는 만나지 않았다고 했으므로 ④에서 만났다고 해도 모순이 된다.

그러므로 ⓗ과 ⓛ은 모두 거짓이다.

27 ②

한 명만이 진실을 말하고 있는 경우의 명제추리 문제는 주어진 조건을 하나씩 대입하여 모순이 없는 것을 찾는 방법으로 풀어볼 수 있다.

• 갑이 참을 말하는 경우 : 갑은 지역가입자이다. 이 경우 을은 거짓이므로 을도 지역가입자가 된다. 따라서 모순이 된다.

• 을이 참을 말하는 경우 : 을은 지역가입자가 아니므로 사업장 가입자 또는 임의가입자가 된다. 병은 거짓이므로 병은 임의가입자가 된다. 그러면 을은 사업장 가입자가 된다. 남는 것은 갑과 지역가입자인데 을의 말이 참이라면 갑의 말은 거짓이므로 갑은 지역가입자가 아니어야 하여 또한 모순이 된다.

• 병이 참을 말하는 경우 : 을은 지역가입자가 된다. 갑은 지역가입자가 아니므로 사업장 가입자 또는 임의가입자가 되고, 병은 사업장 가입자 또는 지역가입자가 된다. 이 경우, 을이 지역가입자이므로 병은 나머지 하나인 사업장 가입자가 되고, 이에 따라 갑은 나머지 하나인 임의가입자가 되면 아무런 모순 없이 세 명의 가입자 지위가 정해지게 된다.

정리하면 갑은 임의가입자, 을은 지역가입자, 병은 사업장 가입자가 되어 보기 ②가 거짓인 명제가 된다.

28 ②

• 화, 수, 목 중에 실시해야 하는 금연교육을 4회 실시하기 위해서는 반드시 화요일에 해야 한다.

• 금주교육이 월요일과 금요일을 제외한 다른 요일에 시행하므로 10일 이전, 같은 주에 이틀 연속으로 성교육을 실시할 수 있는 날짜는 4~5일뿐이다.

• 상황과 조건에 따라 A대학교 보건소의 교육 일정을 정리해 보면 다음과 같다.

월	화	수	목	금	토	일
1 금연	2	3	성 4	성 5	X 6	X 7
8 금연	9	10	11	12	X 13	X 14
15	금연 16	17	18	19	X 20	X 21
중 22	간 23	고 24	사 25	주 26	X 27	X 28
29	금연 30					

• 금주교육은 (3, 10, 17), (3, 10, 18), (3, 11, 17), (3, 11, 18) 중 실시할 수 있다.

29 ①

수정을 먼저 살펴보면 수정은 종로, 명동에 거주하지 않으므로 강남에 거주한다.

미연은 명동에 거주하지 않고 수정이 강남에 거주하므로 종로에 거주한다.

수진은 당연하게 명동에 거주하며, 직장은 종로이다.

또한 수정의 직장이 위치한 곳이 수진이 거주하는 곳이므로 수정의 직장은 명동이다.

그러면 당연하게 미연의 직장이 위치한 곳은 강남이 된다.

30 ③

ⓒ 팀장님이 월요일에 월차를 쓴다고 하였다. → 월요일은 안 된다.

ⓔ 실장님이 김 대리에게 우선권을 주어 월차를 쓸 수 있는 요일이 수, 목, 금이 되었다. → 월차를 쓸 수 있는 날이 수, 목, 금이라는 말은 화요일이 공휴일임을 알 수 있다.

ⓜ 김 대리는 5일에 붙여서 월차를 쓰기로 하였다.

그럼 여기서 공휴일에 붙여서 월차를 쓰기로 했으므로 화요일이 공휴일이므로 수요일에 월차를 쓰게 된다.

31 ③

"VLOOKUP(B3, \$B\$8:\$C\$10, 2, 0)"의 함수를 해설해 보면 B3의 값(콜롬비아)을 B8:C10에서 찾은 후 그 영역의 2번째 열(C열, 100g당 단가)에 있는 값을 나타내는 함수이다. 금액은 "수량 × 단가"으로 나타내므로 D3셀에 사용되는 함수식은

"=C3*VLOOKUP(B3, \$B\$8: \$C\$10, 2, 0)"이다.

※ HLOOKUP과 VLOOKUP

　ⓐ HLOOKUP : 배열의 첫 행에서 값을 검색하여, 지정한 행의 같은 열에서 데이터를 추출

　ⓑ VLOOKUP : 배열의 첫 열에서 값을 검색하여, 지정한 열의 같은 행에서 데이터를 추출

32 ②

주어진 자료의 A사에서 사용하는 정보관리는 주요 키워드나 주제어를 가지고 정보를 관리하는 방식인 색인을 활용한 정보관리이다. 디지털 파일에 색인을 저장할 경우 추가, 삭제, 변경 등이 쉽다는 점에서 정보관리에 효율적이다.

33 ①

문제에서는 서비스의 특징 중 '소멸성'에 대해 묻고 있다. 소멸성은 판매되지 않은 서비스는 사라지며 이를 재고로 보관할 수 없다는 것을 말한다. 설령, 구매되었다 하더라도 이는 1회로서 소멸을 하고, 더불어 이에 따르는 서비스의 편익도 사라지게 되는 것이다. 문제에서 보면, 운송약관 7번은 '사용하지 않은 승차권은 출발시간이 지나면 사용할 수 없습니다.'인데 이것은 제공되는 서비스를 해당 시점에서 즉각적으로 이용하지 못할 경우에 다음 날 같은 차량, 좌석번호가 일치하더라도 사용하지 못하는 즉, 해당 시점에서 사용하지 못한 서비스는 재고로 보관할 수 없다는 것을 의미한다.

34 ④

대상승차권은 무궁화호 이상의 모든 열차승차권을 의미한다. 하지만 지하철에 대한 내용은 언급되어 있지 않다.

35 ①

(나)의 그림에서 가운데 상단을 보면 나의 접속 상태가 '온라인'으로 표시가 되어 있으며 그 아래에는 상대방이 인터넷에 연결되었는지 또는 연결되어 있지 않은지가 표시되어 있다.

36 ②

• 2015년 5월 : 1505
• 부산 3공장 : 3I
• 서재가구 책상 : 03012
• 19번째로 생산 : 00019

37 ②

'15063G0200700031', '15054J0201000005' 총 2개이다.

38 ①

① 고건국이 책임자로 있는 물류창고에는 광주 1공장에서 생산된 제품이 보관되어 있고 문정진이 책임자로 있는 물류창고에는 광주 2공장에서 생산된 제품이 보관되어 있다.

39 ③

특정한 데이터만을 골라내는 기능을 필터라고 하며 이 작업을 필터링이라 부른다.

① 원하는 기준에 따라 서식을 변경하는 기능으로 특정 셀을 강조할 수 있다.

② 원하는 단어를 찾는 기능이다.

④ 무작위로 섞여있는 열을 기준에 맞춰 정렬하는 기능으로 오름차순 정렬, 내림차순 정렬 등이 있다.

⑤ 언어 교정, 메모, 변경 내용 등을 검토한다.

40 ③

A=1, S=1

A=2, S=1+2

A=3, S=1+2+3

…

A=10, S=1+2+3+⋯+10

∴ 출력되는 S의 값은 55이다.

41 ②

② "유럽에서의 한방 원료 등을 이용한 'Korean Therapy' 관심 증가"라는 기회를 이용하여 "아시아 외 시장에서의 존재감 미약"이라는 약점을 보완하는 WO전략에 해당한다.

42 ⑤

'작업환경변화 등 우수 인력 유입 촉진을 위한 기반 조성'을 통해 '신규 인재 기피'라는 약점을 보완하고, '이직 등에 의한 이탈'이라는 위협을 회피한다.

43 ②

㉠ 조직은 공식화 정도에 따라 공식조직과 비공식조직으로 구분할 수 있다. 영리성을 기준으로는 영리조직과 비영리조직으로 구분된다.

㉣ 공식조직 내에서 인간관계를 지향하면서 비공식조직이 새롭게 생성되기도 한다. 이는 자연스러운 인간관계에 의해 일체감을 느끼고 가치나 행동유형 등이 공유되어 공식조직의 기능을 보완해주기도 한다.

㉤ 기업과 같이 이윤을 목적으로 하는 조직을 영리조직이라 한다.

44 ④

거래처 식대이므로 접대비지출품의서나 지출결의서를 작성하고 30만 원 이하이므로 최종 결재는 본부장이 한다. 본부장이 최종 결재를 하고 본부장 란에는 전결을 표시한다.

45 ④

해외출장비는 교통비에 해당하며, 출장계획서의 경우 팀장, 출장비신청서의 경우 대표이사에게 결재권이 있다.

46 ③

③ 상석을 결정할 경우, 나이와 직위가 상충된다면 직위가 나이를 우선하게 된다. 또한 식사 테이블의 좌석을 정하는 에티켓으로는 여성 우선의 원칙, 기혼자 우선의 원칙 등이 있다.

47 ③

임파워먼트는 권한 위임을 의미한다. 직원들에게 일정 권한을 위임함으로서 훨씬 수월하게 성공의 목표를 이룰 수 있을 뿐 아니라 존경받는 리더로 거듭날 수 있다. 권한 위임을 받은 직원은 자신의 능력을 인정받아 권한을 위임받았다고 인식하는 순간부터 업무효율성이 증가하게 된다.

48 ②

ⓙ 사장직속으로는 3개 본부, 12개 처, 3개 실로 구성
되어 있다.

ⓛ 해외부사장은 2개의 본부를 이끌고 있다.

ⓔ 노무처는 관리본부에, 재무처는 기획본부에 소속되
어 있다.

49 ③

③은 회의에서 알 수 있는 내용이다.

① 서비스팀은 주문폭주 일주일 동안 포장된 제품을
전격 회수와 제품을 구매한 고객에 사과문 발송
및 100% 환불 보상을 공지한다.

② 주문량이 증가한 날짜는 회의록만으로 알 수 없다.

④ 서비스팀에서 제품을 전격 회수하고, 개발팀에서
유해성분을 조사하기로 했다.

⑤ 구매 건수 대비 환불 건수는 회의록만으로 알 수
없다.

50 ②

① 카리스마적 리더가 뛰어난 개인적 능력으로 부하
에게 심대하고 막중한 영향을 미친다.

③ 리더는 부하중심적이며, 부하에게 봉사한다.

④ 연관성이 높은 공공문제를 해결하기 위해서는 촉
매작용적 기술과 능력이 필요하며 리더는 전략적
으로 사고해야 한다.

⑤ 리더와 부하 간에 맺은 거래적 계약관계에 기반을
두고 영향력을 발휘한다.

1 ④

임시회이 → 임시회의

재직위원 → 재적위원

자분 → 자문

방청건 → 방청권

대통령영 → 대통령령

2 ⑤

㈎ **임의계속가입자** : 국민연금 가입자 또는 가입자였던 자가 기간연장 또는 추가 신청을 통하여 65세까지 가입을 희망하는 가입자를 말한다.

㈏ **임의가입자** : 사업장가입자 및 지역가입자 외의 자로서 국민연금에 가입된 자를 말한다.

㈐ **지역가입자** : 사업장가입자가 아닌 자로서 국민연금에 가입된 자를 말한다.

㈑ **사업장 가입자** : 사업장에 고용된 근로자 및 사용자로서 국민연금에 가입된 자를 말한다.

3 ②

위 문서는 기안서로 회사의 업무에 대한 협조를 구하거나 의견을 전달할 때 작성하며, 흔히 사내 공문서라고도 한다.

4 ③

주주는 증권 시장을 통해 자신들의 주식을 거래할 수 있으며, 감사는 이사회의 업무 및 회계를 감시한다.

5 ①

제시된 포스터는 바다에 쓰레기를 투기하거나 신호보다 먼저 출발하는 행동을 사회의 부정부패에 비유하며 썩은 이를 뽑듯 뽑아내자고 이야기하고 있다. 따라서 이 포스터의 주제를 가장 잘 표현한 사원은 甲이라고 할 수 있다.

6 ③

위 글은 부패방지평가 보고대회가 개최됨을 알리고 행사준비관련 협조사항을 통보하기 위하여 쓴 문서이다.

7 ④

④ 국제노동기구에서는 사회보장의 구성요소로 전체 국민을 대상으로 해야 하고, 최저생활이 보장되어야 하며 모든 위험과 사고가 보호되어야 할뿐만 아니라 공공의 기관을 통해서 보호나 보장이 이루어져야 한다고 하였다.

8 ③

③ **파급(波及)** : 어떤 일의 여파나 영향이 차차 다른 데로 미침.

① **통용(通用)** : 일반적으로 두루 씀. 또는 서로 넘나들어 두루 씀.

② **책정(策定)** : 계획이나 방책을 세워 결정함.

④ **양육(養育)** : 아이를 보살펴서 자라게 함.

⑤ **부조(扶助)** : 남을 거들어 도와주는 일

9 ④

ⓒ 문제해결능력은 업무수행과정에서 발생된 문제의 원인을 정확하게 파악하고 해결하는 능력이다.

ⓔ 의사소통능력은 타인의 의도를 파악하고 자신의 의사를 정확히 전달하는 능력이다.

10 ①

지문은 최인철의 「프레임(나를 바꾸는 심리학의 지혜)」 중 일부로 '이것'에 해당하는 것은 '프레임'이다. 두 글에서 미루어 볼 때 프레임은 자기 자신의 관심에 따라 세상을 규정하는 사고방식이라고 할 수 있다.

11 ③

'찬성 2'는 두 번째 입론에서 자신이 경험한 사례를 근거로 한식의 세계화를 위해 한식의 표준화가 필요하다는 주장을 하고 있다. 이 주장에 앞서 여러 대안들을 검토한 바 없으므로, 여러 대안들 중 한식의 표준화가 최선의 선택이라는 점을 부각하고 있다는 것은 적절하지 않다.

12 ④

A → B, B → C이면 A → C의 관계를 대입해 보면,

무한도전을 좋아하는 사람 - [무], 런닝맨을 좋아하는 사람 - [런], 하하를 좋아하는 사람 - [하], 유재석을 좋아하는 사람 - [유]라고 나타낼 때,

[무→런], [유→무], [런→하]이므로

[유→런(유→무, 무→런)], [무→하(무→런, 런→하)], [유→하(유→무, 무→런, 런→하)]의 관계가 성립한다.

[~하→~무]는 [무→하]의 대우명제이므로 ④가 답이 된다.

13 ②

② B와 C가 취미가 같고, C는 E와 취미생활을 둘이서 같이 하므로 B가 책읽기를 좋아한다면 E도 여가시간을 책읽기로 보낸다.

14 ③

채무자인 乙이 실제 수령한 금액인 1,200만 원을 기준으로 최고연이자율 연 30%를 계산하면 360만 원이다. 그런데 선이자 800만 원을 공제하였으므로 360만 원을 초과하는 440만 원은 무효이며, 약정금액 2,000만 원의 일부를 변제한 것으로 본다. 따라서 1년 후 乙이 갚기로 한 날짜에 甲에게 전부 변제하여야 할 금액은 2,000 - 440 = 1,560만 원이다.

15 ②

甲~戊의 심사기준별 점수를 산정하면 다음과 같다. 단, 丁은 신청마감일(2014. 4. 30.) 현재 전입일부터 6개월 이상의 신청자격을 갖추지 못하였으므로 제외한다.

구분	거주기간	가족 수	영농규모	주택노후도	사업시급성	총점
甲	10	4	4	8	10	36점
乙	4	8	10	6	10	38점
丙	6	6	8	10	10	40점
戊	8	6	10	8	4	36점

따라서 상위 2가구는 丙과 乙이 되는데, 2가구의 주소지가 B읍·면으로 동일하므로 총점이 더 높은 丙을 지원하고, 나머지 1가구는 甲, 戊의 총점이 동점이므로 가구주의 연령이 더 높은 甲을 지원하게 된다.

16 ②

직원정보를 등락, 수정 → 직원정보를 등록, 수정

신규경보 → 신규정보

인력형황 → 인력현황

17 ③

① 혼례(혼인할 혼, 예도 례)

② 축복(빌 축, 복 복)

③ 혜량(은혜 혜, 믿을 량)

④ 형통(형통할 형, 통할 통)

⑤ 기원(빌 기, 원할 원)

18 ②

메모

전 직원들에게

Robert Burns로부터

직원회의에 관하여

월요일에 있을 회의 안건에 대하여 모두에게 알리고자 합니다. 회의는 브리핑과 브레인스토밍 섹션으로 구성될 예정입니다. 회의에서 제안할 사무실 재편성에 관한 아이디어를 준비하여 오시기 바랍니다. 회의는 긍정적인 분위기를 유지하기를 원한다는 점을 기억하시기 바랍니다. 우리는 회의에서 여러분이 제안한 그 어떤 아이디어에도 전혀 비판을 하지 않을 것입니다. 모든 직원들이 회의에 참석할 것을 기대합니다.

19 ①

인과관계를 나열하면 성적 하락은 업무 숙련도가 떨어지기 때문이고, 이는 코칭이 부족하기 때문이며, 이는 팀장이 너무 바쁘기 때문이고 결국 팀에 할당되는 많은 업무를 팀장이 대부분 직접 하려고 하기 때문이다.

20 ③

각 프로젝트의 연도별 소요 예산을 정리하면 다음과 같다.

				1	2	3	4	5
A	1	4						
B	15	18	21					
C	15							
D	15	8						
E	6	12	24					
				20	24	28	35	40

B, E 프로젝트의 기간은 3년이므로 가장 길다. 그러므로 가용 예산을 초과하지 않도록 하기 위해서는 3년 차에 시작하여야 한다. B 프로젝트는 1년 또는 2년 차에 시작할 수 있으나 E 프로젝트의 예산을 따져 보면 2년 차에 시작하여야 한다.

				1	2	3	4	5
A	1	4		1	4			
B	15	18	21		15	18	21	
C	15							15
D	15	8		15	8			
E	6	12	24			6	12	24
				20	24	28	35	40

21 ②

② 최단 기간에 업무를 끝내기 위해 필요한 최소 인력은 8명이다.

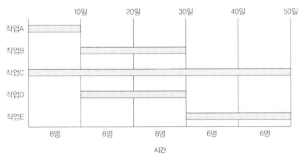

작업장 사용료 : 50일×50만 원=2,500만 원

인건비 : {(8인×30일)+(6인×20일)}×10만 원=3,600만 원

22 ④

④ 실태조사를 위해선 대화의 방법, 횟수, 시간, 중요성 등을 조사하여야 한다.

23 ③

③ 주어진 글에서 선진국과 아동·청소년의 근시 비율의 관계는 알 수 없다.

24 ①

언어의 기능

ㄱ **표현적 기능** : 말하는 사람의 감정이나 태도를 나타내는 기능이다. 언어의 개념적 의미보다는 감정적인 의미가 중시된다. →[예 : 느낌, 놀람 등 감탄의 말이나 욕설, 희로애락의 감정표현, 폭언 등]

ㄴ **정보전달기능** : 말하는 사람이 알고 있는 사실이나 지식, 정보를 상대방에게 알려 주기 위해 사용하는 기능이다. →[예 : 설명, 신문기사, 광고 등]

ㄷ **사교적 기능(친교적 기능)** : 상대방과 친교를 확보하거나 확인하여 서로 의사소통의 통로를 열어 놓아주는 기능이다. →[예 : 인사말, 취임사. 고별사 등]

ㄹ **미적 기능** : 언어예술작품에 사용되는 것으로 언어를 통해 미적인 가치를 추구하는 기능이다. 이 경우에는 감정적 의미만이 아니라 개념적 의미도 아주 중시된다. →[예 : 시에 사용되는 언어]

ㅁ **지령적 기능(감화적 기능)** : 말하는 사람이 상대방에게 지시를 하여 특정 행위를 하게 하거나, 하지 않도록 함으로써 자신의 목적을 달성하려는 기능이다. →[예 : 법률, 각종 규칙, 단체협약, 명령, 요청, 광고문 등의 언어]

25 ④

기획안의 작성도 중요하나 발표시 문서의 내용을 효과적으로 전달하는 것이 무엇보다 중요하다. 문서만 보면 내용을 이해하기 어렵고 의도한 내용을 바로 파악할 수 없기 때문에 간결하고 시각적인 문서작성이 중요하다.

26 ⑤

⑤ 고급문화와 대중문화의 경계가 무너지고 장르 간 구분이 모호해지면서 서로 다른 문화가 뒤섞여 새로운 문화가 생겨나고 있다고 언급하고 있다.

27 ③

'뿐만 아니라'의 쓰임으로 볼 때 이 글의 앞부분에는 문화와 경제의 영역이 무너지고 있다는 내용이 언급되어야 한다. 따라서 ㈏ 뒤에 이어지는 것이 적절하다.

28 ③

일정의 최종 결정권한은 상사에게 있으므로 부하직원이 스스로 독단적으로 처리해서는 안 된다.

29 ③

명칭 파일링 시스템(Alphabetic Filing System) … 문서 등을 알파벳순이나 자모순으로 배열한 것으로 가이드 배열이 단순·간편하고 유지비용이 저렴하며 직접검색이 용이하다. 하지만 보안의 위험이 크고 배열 오류가 발생하기 쉽다.

30 ③

주어진 조건들을 종합하면 A는 파란색 옷 입은 의사, B는 초록색 옷을 입은 선생님, C는 검은색 옷을 입은 외교관, D는 갈색 옷을 입은 경찰이므로 회장의 직업은 경찰이고, 부회장의 직업은 의사이다.

	외교관, 검정	의사, 파랑
창 가	C ↓ ↑ D 경찰, 갈색	A ↓ ↑ B 선생님, 초록

31 ③

워크숍 첫날인 28일 밤 9시에는 '구름 조금'이라고 명시되어 있음을 내용을 통해 알 수 있다.

32 ③

오대리가 수집하고자 하는 고객정보에는 고객의 연령과 현재 사용하고 있는 스마트폰의 모델, 좋아하는 디자인, 사용하면서 불편해 하는 사항, 지불 가능한 액수 등에 대한 정보가 반드시 필요하다.

33 ⑤

정보활용의 전략적 기획(5W2H)

㉠ WHAT(무엇을?) : 50~60대 고객들이 현재 사용하고 있는 스마트폰의 모델과 좋아하는 디자인, 사용하면서 불편해 하는 사항, 지불 가능한 액수 등에 대한 정보

㉡ WHERE(어디에서?) : 사내에 저장된 고객정보

㉢ WHEN(언제까지?) : 이번 주

㉣ WHY(왜?) : 스마트폰 신상품에 대한 기획안을 작성하기 위해

㉤ WHO(누가?) : 오대리

㉥ HOW(어떻게?) : 고객센터에 근무하는 조대리에게 관련 자료를 요청

㉦ HOW MUCH(얼마나?) : 따로 정보수집으로 인한 비용이 들지 않는다.

34 ①

① 합계점수가 높은 순으로 정렬 후 인쇄해야 하므로 텍스트 오름차순이 아닌 텍스트 내림차순으로 정렬해야 한다.

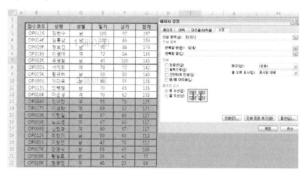

35 ③

2011년 10월 생산품이므로 1110의 코드가 부여되며, 일본 '왈러스' 사는 5K, 여성용 02와 블라우스 해당 코드 006, 10,215번째 입고품의 시리얼 넘버 10215가 제품 코드로 사용되므로 1110 – 5K – 02006 – 10215가 된다.

36 ③

2008년 10월에 생산되었으며, 멕시코 Fama의 생산품이다. 또한, 아웃도어용 신발을 의미하며 910번째로 입고된 제품임을 알 수 있다.

37 ③

Index 뒤에 나타나는 문자가 오류 문자이므로 이 상황에서 오류 문자는 'GHWDYC'이다. 오류 문자 중 오류 발생 위치의 문자와 일치하지 않는 알파벳은 G, H, W, D, Y 5개이므로 처리코드는 'Atnih'이다.

38 ③

Index 뒤에 나타나는 문자가 오류 문자이므로 이 상황에서 오류 문자는 'UGCTGHWT'이다. 오류 문자 중 오류 발생 위치의 문자와 일치하지 않는 알파벳은 U, C, H, W 4개이므로 처리코드는 'Atnih'이다.

39 ③

$n=0,\ S=1$

$n=1,\ S=1+1^2$

$n=2,\ S=1+1^2+2^2$

…

$n=7,\ S=1+1^2+2^2+\cdots+7^2$

∴ 출력되는 S의 값은 141이다.

40 ②

① 'ㅎ'을 누르면 2명이 뜬다(민하린, 김혜서).

③ '55'를 누르면 3명이 뜬다
(025468<u>55</u>54, 051495<u>4</u>5<u>54</u>, 031948<u>5</u>5<u>5</u>75).

④ 'ㅂ'을 누르면 1명이 뜬다(심빈우).

⑤ 'ㅅ'을 누르면 과반수 이상인 4명이 뜬다
(이서경, 심빈우, 김혜서, 전태숭).

41 ④

콜센터를 포함하면 11개의 팀으로 구성되어 있다.

42 ②

유기적 조직 … 의사결정권한이 조직의 하부구성원들에게 많이 위임되어 있으며 업무 또한 고정되지 않고 공유 가능한 조직이다. 유기적 조직에서는 비공식적인 상호의사소통이 원활히 이루어지며, 규제나 통제의 정도가 낮아 변화에 따라 쉽게 변할 수 있는 특징을 가진다.

43 ①

윤리경영의 특징

㉠ 윤리경영은 경영활동의 옳고 그름에 대한 판단 기준이다.

㉡ 윤리경영은 경영활동의 규범을 제시해준다.

㉢ 윤리경영은 경영의사결정의 도덕적 가치기준이다.

㉣ 윤리경영은 응용윤리이다.

44 ③

직원 교육에 대한 업무는 인사과에서 담당하기 때문에 교육 세미나에 대해 인사과와 협의해야 하지만 영업교육과 프레젠테이션 기술 교육을 인사과 직원이 직접 하는 것은 아니다.

45 ④

협의 사항 중 비서실과 관련된 내용은 없다.

46 ②

① 영업교육과 프레젠테이션 기술 교육

③ 연 2회

④ 영업직원의 영업능력 향상

⑤ 인사과

47 ④

주차유도원서비스, 상품게시판 예약서비스 등은 사전 서비스에 해당한다.

48 ①

위 표는 직무기술서로 직무기술서는 주로 과업요건에 초점을 맞추고 있다.

49 ②

ㄱ 분산은 확률분포 또는 자료가 얼마나 퍼져 있는지를 알려 주는 수치로 분산이 클수록 확률분포는 평균에서 멀리 퍼져 있고 0에 가까워질수록 평균에 집중된다. 표준편차는 분산의 제곱근이므로 표준편차가 가장 큰 홍보팀의 분산이 가장 크다.

ㄴ 휴대전화 평균 사용 시간이 가장 적은 팀은 기획팀이다.

ㄷ 각 팀의 직원 수가 모두 같으므로 평균이 같은 총무팀과 영업팀의 휴대전화 사용 시간의 총합은 서로 같다.

ㄹ 표준편차가 0에 가까우면 자료 값들이 평균에 집중되며, 표준편차가 클수록 자료 값들이 널리 퍼져 있다. 따라서 휴대전화 사용 시간이 평균에 가장 가까이 몰려 있는 팀은 표준편차가 가장 작은 재무팀이다.

50 ④

직원	성공추구 경향성과 실패회피 경향성	성취행동 경향성
A	성공추구 경향성 $=3 \times 0.7 \times 0.2 = 0.42$	$=0.42 - 0.24 = 0.18$
	실패회피 경향성 $=1 \times 0.3 \times 0.8 = 0.24$	
B	성공추구 경향성 $=2 \times 0.3 \times 0.7 = 0.42$	$=0.42 - 0.21 = 0.21$
	실패회피 경향성 $=1 \times 0.7 \times 0.3 = 0.21$	
C	성공추구 경향성 $=3 \times 0.4 \times 0.7 = 0.84$	$=0.84 - 0.36 = 0.48$
	실패회피 경향성 $=2 \times 0.6 \times 0.3 = 0.36$	

1 ②

② 제1조 ⑤에 따르면 당사자의 신문이 쟁점과 관계가 없는 때, 재판장은 당사자의 신문을 제한할 수 있다.

① 제1조 ③에 따르면 재판장은 제1항과 제2항의 규정에 불구하고 언제든지 신문할 수 있다.

③ 제1조 ④에 따르면 재판장은 당사자의 의견을 들어 제1항과 제2항의 규정에 따른 신문의 순서를 바꿀 수 있다. 따라서 B와 C가 아닌 甲과 乙의 의견을 들어야 한다.

④ 제3조에 따르면 증인 서로의 대질을 명할 수 있는 것은 재판장 A이다.

⑤ 제4조에 따르면 서류에 의해 진술하려면 재판장 A의 허가가 필요하다.

2 ②

② A는 기업 간 경쟁이 임금차별 완화의 핵심이라고 주장하며 기업들 사이의 경쟁이 강화될수록 임금차별은 자연스럽게 줄어들 수밖에 없을 것이라고 말하지만, 기업 간 경쟁이 약화되는 것을 방지하기 위한 보완 정책을 수립해야 한다고 하고 있지는 않다.

3 ④

'가을 전도' 현상은 가을의 차가운 대기로 인해 표층수의 온도가 물의 최대 밀도가 되는 4℃에 가깝게 하강하면 아래쪽으로 가라앉으면서 상대적으로 밀도가 낮은 아래쪽의 물이 위쪽으로 올라오게 되는 현상을 말한다.

4 ②

A가 잠을 자지 않아 결국 공부를 포기했으며, 그러한 상태가 지속될 경우 일어날 수 있는 부정적인 결과를 나열함으로써 잠이 우리에게 꼭 필요한 것임을 강조하고 있다.

5 ②

효과적인 수면의 중요성을 말하기 위하여, 역사상 잠을 안 잔 것으로 유명한 나폴레옹이나 에디슨도 진짜로 잠을 안 잔 것이 아니라, 효과적으로 수면을 취했음을 예로 제시하고 있다. 나폴레옹은 말안장 위에서도 잤고, 에디슨은 친구와 말을 하면서도 잠을 잤다는 내용이다.

6 ④

'뻑뻑하고', '박탈', '중죄인', '과연' 등은 낱말의 뜻을 알아야 하는 것이기 때문에 사전(辭典)을 이용해야 한다. 반면에 '워털루 전투'는 역사적인 사건이기 때문에 역사 사전과 같은 사전(事典)을 활용하여 구체적인 정보를 얻는 것이 알맞다.

7 ③

의료 서비스 시장에서는 의료 행위를 하기 위한 자격이 필요하고, 환자가 만족할 만한 수준의 병원을 설립하는 데 비용이 많이 들어 의사와 병원의 수가 적어 소비자의 선택의 폭이 좁다고 하였다.

8 ④

기타사항에 3개월 인턴 후 평가(70점 이상)에 따라 정식 고용 여부를 결정한다고 명시되어 있다.

9 ③

③ 지난 시즌이라고만 명시했지 구체적으로 언제 발간했는지 밝혀지지 않았다.

10 ③

③ 의사소통은 기계적인 정보 전달 이상의 것이다. 따라서 정보의 전달에만 치중하기보다는 서로 다른 이해와 의미를 가지고 있는 사람들이 공유할 수 있는 의미와 이해를 만들기 위해 상호 노력하는 과정으로 이해해야 한다.

11 ④

제시된 조건을 통해 외판원들의 판매실적을 유추하면 A>B, D>C이다. 또한 F>E>A, E>B>D임을 알 수 있다. 결과적으로 F>E>A>B>D>C가 된다.
① 외판원 C의 실적은 꼴찌이다.
② B의 실적보다 안 좋은 외판원은 2명이다.
③ 두 번째로 실적이 좋은 외판원은 E이다.
⑤ A의 실적보다 좋은 외판원은 2명이다.

12 ③

고객이 원하는 3기가 이상의 인터넷과 1회 컬러링이 부가된 것은 55요금제이다.

13 ③

55요금제는 매월 3기가의 인터넷과 120분의 통화, 1회의 컬러링이 무료로 사용할 수 있다.

14 ①

조건에 따르면 영업과 사무 분야의 일은 A가 하는 것이 아니고, 관리는 B가 하는 것이 아니므로 'A - 관리, B - 사무, C - 영업, D - 전산, E - 홍보'의 일을 하게 된다.

15 ③

㉠ "옆에 범인이 있다."고 진술한 경우를 ○, "옆에 범인이 없다."고 진술한 경우를 ×라고 하면

1	2	3	4	5	6	7	8	9
○	×	×	○	×	○	○	○	×
							시민	

• 9번이 범인이라고 가정하면
9번은 "옆에 범인이 없다.'고 진술하였으므로 8번과 1번 중에 범인이 있어야 한다. 그러나 8번이 시민이므로 1번이 범인이 된다. 1번은 "옆에 범인이 있다."라고 진술하였으므로 2번과 9번에 범인이 없어야 한다. 그러나 9번이 범인이므로 모순이 되어 9번은 범인일 수 없다.

• 9번이 시민이라고 가정하면
9번은 "옆에 범인이 없다."라고 진술하였으므로 1번도 시민이 된다. 1번은 "옆에 범인이 있다."라고 진술하였으므로 2번은 범인이 된다. 2번은 "옆에 범인이 없다."라고 진술하였으므로 3번도 범인이 된다. 8번은 시민인데 "옆에 범인이 있다."라고 진술하였으므로 9번은 시민이므로 7번은 범인이 된다. 그러므로 범인은 2, 3, 7번이고 나머지는 모두 시민이 된다.

㉡ 모두가 "옆에 범인이 있다."라고 진술하면 시민 2명, 범인 1명의 순으로 반복해서 배치되므로 옳은 설명이다.

㉢ 다음과 같은 경우가 있음으로 틀린 설명이다.

1	2	3	4	5	6	7	8	9
○	○	○	○	○	○	○	×	○
범인	시민	시민	범인	시민	범인	시민	시민	시민

16 ②

김 씨는 메모를 하는 습관을 길러 자신의 부족함을 메우고 자신만의 데이터베이스를 구축하여 모두에게 인정을 받게 되었다.

17 ②

실제 전투능력을 정리하면 경찰(3), 헌터(4), 의사(2), 사무라이(8), 폭파전문가(2)이다.
이를 토대로 탈출 통로의 좀비수와 처치 가능 좀비수를 계산해 보면
㉠ 동쪽 통로 11마리 좀비 : 폭파전문가(2), 사무라이(8) → 10마리의 좀비를 처치 가능
㉡ 서쪽 통로 7마리 좀비 : 헌터(4), 경찰(3) → 7마리의 좀비 모두 처치 가능
㉢ 남쪽 통로 11마리 좀비 : 헌터(4), 폭파전문가(2) → 6마리의 좀비 처치 가능
㉣ 북쪽 통로 9마리 좀비 : 경찰(3), 의사(2)-전투력강화제(1) → 6마리의 좀비 처치 가능
㉤ 남쪽 통로 11마리 좀비 : 사무라이(8), 폭파전문가(2) → 10마리의 좀비 처치 가능

18 ③

① 실재 → 실제 : '실재로 존재함'을 뜻하는 '실재(實在)'가 아닌 '사실의 경우 또는 형편'을 뜻하는 '실제(實際)'를 쓰는 것이 옳다.

② 운용 → 운영 : '돈이나 제도 따위의 제한적인 기능을 부리어 쓴다'는 의미를 가진 운용(運用)이 아닌 '어떤 시스템 전체를 관리한다'는 의미의 운영(運營)을 쓰는 것이 적절하다.

④ 임대 → 임차 : 임대(賃貸)는 '돈을 받고 자신의 물건을 상대방에게 사용하게 하는 일'을 말하며 '돈을 내고 상대의 물건을 빌리는 것'은 임차(賃借)이다.

⑤ 지양 → 지향 : 지양(止揚)은 '더 높은 단계에 오르기 위하여 어떠한 것을 하지 아니함'을 말한다. 해당 문장에서는 '어떤 목표나 방향으로 쏠리는 의지'라는 뜻의 지향(志向)이 적절하다.

19 ①

① 근묵자흑(近墨者黑) : 먹을 가까이하면 검어진다는 뜻으로, 나쁜 사람을 가까이하면 물들기 쉬움을 이르는 말이다.

② 단금지교(斷金之交) : 단금지계(斷金之契)와 같은 것으로, 학문은 중도에 그만둠이 없이 꾸준히 계속해야 한다는 뜻이다.

③ 망운지정(望雲之情) : 멀리 구름을 바라보며 어버이를 생각한다는 뜻으로 어버이를 그리워하는 마음을 이르는 말이다.

④ 상분지도(嘗糞之徒) : 남에게 아첨하여 어떤 부끄러운 짓도 마다하지 않는 사람을 이르는 말이다.

⑤ 운우지락(雲雨之樂) : 구름과 비를 만나는 즐거움이라는 뜻으로, 남녀 간의 애정을 이르는 말이다.

20 ②

"정보화 사회라는 말을 ~ 않는 것과 같다."에서는 전달성을, "정보화 사회는 ~ 사회이다."에서는 인위성과 가치를 나타내고 있다.

21 ③

① 19일 수요일 오후 1시 울릉도 도착, 20일 목요일 독도 방문, 22일 토요일은 복귀하는 날인데 종아는 매주 금요일에 술을 마시므로 멀미로 인해 선박을 이용

하지 못한다. 또한 금요일 오후 6시 호박엿 만들기 체험도 해야 한다.

② 20일 목요일 오후 1시 울릉도 도착, 독도는 화요일과 목요일만 출발하므로 불가능

③ 23일 일요일 오후 1시 울릉도 도착, 24일 월요일 호박엿 만들기 체험, 25일 화요일 독도 방문, 26일 수요일 포항 도착

④ 25일 화요일 오후 1시 울릉도 도착, 27일 목요일 독도 방문, 28일 금요일 호박엿 만들기 체험은 오후 6시인데, 복귀하는 선박은 오후 3시 출발이라 불가능

⑤ 26일 수요일 오후 1시 울릉도 도착, 27일 목요일 독도 방문, 28일 금요일 오후 6시 호박엿 만들기 체험까지는 가능하지만 금요일에 술을 마시면 토요일에 복귀하는 선박을 탈 수 없으며, 토요일 파고가 3.3m로 운항하지도 않는다.

22 ③

내용을 보면 박 대리는 공적인 업무를 처리하는 과정에서 출판사 대표와의 사적인 내용을 담아 출판사 대표와 자신이 근무하는 회사에 피해를 안겨준 사례이다.

23 ④

정보를 통해 정리해 보면 다음과 같다.

G → D → E → A → C → B → F

24 ③

③ 대화 속의 남과 여는 디지털 글쓰기의 장점과 단점에 대해 이야기하고 있다. 따라서 두 사람이 제출했을 토론 주제로는 '디지털 글쓰기의 장단점'이 적합하다.

25 ②

② 다른 나라에 진출한 타 기업 수 현황 자료는 '다른 나라와의 경제적 연대 증진'이라는 해외 시장 진출의 의의를 뒷받침하는 근거 자료로 적합하지 않다.

26 ②

첫 문단 마지막에 '그렇다면 윤리적 채식주의 관점에서 볼 때, 육식의 윤리적 문제점은 무엇인가?'라는 문장을 통해 앞을 말하고자 하는 중심 내용을 밝히고 있다.

27 ④

생태론적 관점은 지구의 모든 생명체들이 서로 유기적으로 연결되어 존재한다고 보는 입장이다. 따라서 하나의 유기체로서 지구 생명체에 대한 유익성 여부를 도덕성 판단 기준으로 보아야 하므로, 생태론적 관점을 지닌 사람들은 바이오 연료를 유해한 것으로 판단할 것이다.

28 ①

금요일에는 제육덮밥이 편성된다. 목요일에는 오므라이스를 편성할 수 없고, 다섯 번째 조건에 의해 나물 비빔밥도 편성할 수 없다. 따라서 목요일에는 돈가스 정식 또는 크림 파스타가 편성되어야 한다. 마지막 조건과 두 번째 조건에 의해 돈가스 정식은 월요일, 목요일에도 편성할 수 없으므로 돈가스 정식은 화요일에 편성된다. 따라서 목요일에는 크림 파스타, 월요일에는 나물 비빔밥이 편성된다.

29 ④

ㄹㅁ에 의해 B, D가 지하철을 이용함을 알 수 있다.
ㄷㅂ에 의해 E는 마케팅에 지원했음을 알 수 있다.
ㅁ에 의해 B는 회계에 지원했음을 알 수 있다.
A와 C는 버스를 이용하고, E는 택시를 이용한다.
A는 출판, B는 회계, C와 D는 생산 또는 시설관리, E는 마케팅에 지원했음을 알 수 있다.

30 ④

'안정적 자금 공급'이 자사의 강점이기 때문에 '안정적인 자금 확보를 위한 자본구조 개선'는 향후 해결해야 할 과제에 속하지 않는다.

31 ④

① 노트북 83번 모델은 한국 창원공장과 구미공장 두 곳에서 생산되었다.
② 15년에 생산된 제품이 17개로 14년에 생산된 제품보다 4개 더 많다.
③ TV 36번 모델은 한국 청주공장에서 생산되었다.
⑤ CNB의 제조년월은 1410 또는 1412이고 CNA의 제조년월은 1508 또는 1509이다.

32 ②

중국 옌타이 제1공장의 C라인은 제품 코드의 "CNB - 1C"으로 알 수 있다. 에어컨 58번 모델 두 개를 반품해야 한다.

33 ①

[제품 종류] - [모델 번호] - [생산 국가/도시] - [공장과 라인] - [제조연월]
AI(에어컨) - 59 - KRB(한국/청주) - 2B - 1511

34 ②

(가)는 WAVE, (나)는 MP3에 관한 설명이다.

35 ①

파일의 용량을 줄이거나 화면크기를 변경하는 등 정보의 형태나 형식을 변환하는 처리 방식을 인코딩이라 한다.

36 ④

① 부팅이 안 될 때 문제해결을 위한 방법이다.
② 디스크 용량 부족 시 대처하는 방법이다.
③ 응답하지 않는 프로그램 발생 시 대처방법이다.

37 ③

Alt+PrtSc : 활성창을 클립보드로 복사
Alt+Esc : 실행 중인 프로그램을 순서대로 전환

38 ④

코드 1605(2016년 5월), 1D(유럽 독일), 01001(가공식품류 소시지) 00064(64번째로 수입)가 들어가야 한다.

39 ④

④는 아프리카 이집트에서 생산된 장갑의 코드번호이다.
① 중동 이란에서 생산된 신발의 코드번호
② 동남아시아 필리핀에서 생산된 바나나의 코드번호
③ 일본에서 생산된 의류의 코드번호

40 ③

1703(2017년 3월), 4L(동남아시아 캄보디아), 03011(농수산식품류 후추), 00001(첫 번째로 수입)

41 ③

③ 준법감시인과 경제연구소는 은행장 소속으로 되어 있다.

42 ④

① 조직의 사명은 조직의 비전, 가치와 신념, 조직의 존재이유 등을 공식적인 목표로 표현한 것이다. 반면에, 세부목표 혹은 운영목표는 조직이 실제적인 활동을 통해 달성하고자 하는 것으로 사명에 비해 측정 가능한 형태로 기술되는 단기적인 목표이다.
② 조직목표는 한번 수립되면 달성될 때까지 지속되는 것이 아니라 환경이나 조직 내의 다양한 원인들에 의해 변동되거나 없어지고 새로운 목표로 대치되기도 한다.
③ 조직구성원들은 자신의 업무를 성실하게 수행한다고 하더라도 전체 조직목표에 부합되지 않으면 조직목표가 달성될 수 없으므로 조직목표를 이해하고 있어야 한다.
④ 조직은 다수의 조직목표를 추구할 수 있다. 이러한 조직목표들은 위계적 상호관계가 있어서 서로 상하관계에 있으면서 영향을 주고받는다.
⑤ 조직목표는 일반적으로 측정이 가능하지만, 반드시 측정 가능한 것은 아니다.

43 ③

인력수급계획 및 관리, 교육체계 수립 및 관리는 인사부에서 담당하는 업무의 일부이다.

44 ③

① 관계지향적인 문화이며, 조직구성원 간 인간애 또는 인간미를 중시하는 문화로서 조직내부의 통합과 유연한 인간관계를 강조한다. 따라서 조직구성원 간 인화단결, 협동, 팀워크, 공유가치, 사기, 의사결정과정에 참여 등을 중요시하며, 개인의 능력개발에 대한 관심이 높고 조직구성원에 대한 인간적 배려와 가족적인 분위기를 만들어내는 특징을 가진다.
② 높은 유연성과 개성을 강조하며 외부환경에 대한 변화지향성과 신축적 대응성을 기반으로 조직구성원의 도전의식, 모험성, 창의성, 혁신성, 자원획득 등을 중시하며 조직의 성장과 발전에 관심이 높은 조직문화를 의미한다. 따라서 조직구성원의 업무 수행에 대한 자율성과 자유재량권 부여 여부가 핵심요인이다.
④ 조직내부의 통합과 안정성을 확보하고 현상유지차원에서 계층화되고 서열화된 조직구조를 중요시하는 조직문화이다. 즉, 위계질서에 의한 명령과 통제, 업무처리 시 규칙과 법을 준수하고, 관행과 안정, 문서와 형식, 보고와 정보관리, 명확한 책임소재 등을 강조하는 관리적 문화의 특징을 나타내고 있다.

45 ④

지원부문뿐만 아니라 4개의 본부와 그 소속 부서들이 모두 부사장 직속으로 구성되어 있다. 따라서 옳게 수정하면 4개 본부, 1개 부문, 4개 실, 16개 처, 1개 센터와 1개 지원단으로 구성되어 있다.

46 ④

㉠㉡㉢㉣은 모두 조직개편사항에 맞게 나타난 것으로 지적할 필요가 없다. 중소기업지원단은 기술지원부문에 신설된 것이므로 조직도를 수정해야 한다.

47 ④

송상현 사원의 1/4분기 복지 지원 사유는 장모상이었다. 이는 본인/가족의 경조사에 포함되므로 경조사 지원에 포함되어야 한다.

48 ①

작년 4/4분기 지원 내역을 보더라도 직위와 관계없이 같은 사유의 경조사 지원금은 동일한 금액으로 지원되었음을 알 수 있으므로 이는 변경된 복지 제도 내용으로 옳지 않다.

49 ④

④ 사업부문은 신용사업부문으로 명칭이 변경되어야 한다.

50 ②

② 행위자 A와 직·간접적으로 연결되는 모든 행위자들과의 최단거리는 1 − 5명(D, E, F, G, H), 2 − 1명(B), 3 − 4명(I, J, K, M), 4 − 1명(C), 5 − 4명(L, N, O, P)으로 총 43으로 행위자 A의 근접 중심성은 $\frac{1}{43}$ 이다.

행위자 B와 직·간접적으로 연결되는 모든 행위자들과의 최단거리는 1 − 5명(G, I, J, K, M), 2 − 2명(A, C), 3 − 8명(D, E, F, H, L, N, O, P)으로 총 33으로 행위자 B의 근접 중심성은 $\frac{1}{33}$ 이다.